«Es war ihm bewusst, er hatte es geschafft zu überleben, auf fast rechtschaffene Weise, fast, denn eigentlich hätte er nicht leben, sondern mit den anderen ein Opfer der NS-Verbrecher sein sollen.» So dachte Hans Deichmann, Bruder von Freya und Schwager von Helmuth James von Moltke, am Tag der Befreiung. Seine Gedanken sind bezeichnend für seine Einstellung. Als Held wollte er sich nie verstehen, und doch zeigen die Jahrzehnte später niedergeschriebenen Episoden aus seinem Leben, «was es geheißen hat, inmitten eines verbrecherischen, alles umfassenden Terrors seine eigene und die Menschenwürde der immer seltener werdenden Freunde zu erhalten».

Hans Deichmann, geboren am 9. September 1907 als Kind einer großbürgerlichen Familie in Köln, studierte Jura, wurde 1931 promoviert und begann im selben Jahr eine kaufmännische Lehre bei der IG Farben in Frankfurt. Ab Januar 1936 war er in der Abteilung Italien tätig, zuletzt als Prokurist. 1942 wurde er von Karl Krauch, dem Generalbevollmächtigten für Sonderfragen der chemischen Erzeugung, dienstverpflichtet und als Beauftragter nach Italien entsandt, wo er Kontakt zum italienischen Widerstand aufnahm. Mit seiner Hilfe gelang es unter anderem ab Oktober 1943 weitere Rekrutierungen von Arbeitern für die IG-Farben-Auschwitz und andere oberschlesische Baustellen des GB Chem zu verhindern. 1945 kehrte Deichmann nach Deutschland zurück mit dem Wunsch, sich an einer geistigen und politischen Erneuerung zu beteiligen. In seinen Erwartungen enttäuscht, emigrierte er 1948 nach Italien, wo er seitdem lebt.

HANS DEICHMANN

GEGENSTÄNDE

Mit einem neuen Vorwort
für die deutsche Ausgabe

Deutscher Taschenbuch Verlag

November 1996
Deutscher Taschenbuch Verlag GmbH & Co. KG,
München
© 1995 Hans Deichmann und Vanni Scheiwiller, Milano
© 1996 der deutschen Ausgabe:
Deutscher Taschenbuch Verlag GmbH & Co.KG,
München
Titel der zweisprachigen Originalausgabe:
Oggetti – Gegenstände (All'insegna del pesce d'oro di
Vanni Scheiwiller, Mailand 1995)
Gesamtkonzeption: Balk & Brumshagen
Umschlagfoto: Piazza del Campidoglio
(© Ullstein Bilderdienst)
Satz: Design-Typo-Print GmbH, Ismaning
Druck und Bindung: C. H. Beck'sche Buchdruckerei,
Nördlingen
Printed in Germany · ISBN 3-423-30592-4

EINLEITUNG*

Erst 1993 kam es Hans Deichmann in den Sinn, diese Erzählungen – bescheiden, aber auch ein wenig ironisch «Gegenstände» benannt – zu veröffentlichen, ursprünglich nur für die Freunde bestimmt: nicht «Memoiren», sondern «einzelne erlebte Episoden».

Berichte – «Gegenstände», weil sie Tatsachen wiedergeben: jeder Bericht geht von einem bestimmten Gegenstand aus, der ihm nicht nur als Titel dienen soll, sondern ihn womöglich bis zum Schluss begleitet. Erzählungen, die stets die moralische und intellektuelle Unabhängigkeit des Autors bezeugen, der, um diese zu gewährleisten, in dritter Person als «Chronist» (HD) teilnimmt.

Auch eine Lehre für alle die Leser, die nicht oder nur wenig vom deutschen Widerstand gegen den Nazismus wissen, einem «unbequemen Widerstand», weil er, besonders während des Kriegs, radikal anders war als das, was man in anderen Ländern darunter versteht. Diese «Gegenstände» sind auch ein Steinwurf in den Taubenschlag der deutschen politischen und kulturellen Welt: ja, denn heute noch, ein halbes Jahrhundert nach dem Zweiten Weltkrieg, will die Mehrheit der Deutschen ihre Verantwortung für die NS-Verbrechen nicht wahrhaben.

Sich für das deutsche Gewissen einzusetzen, hat HD nie aufgehört; in diesem Sinne hat er viele Male an ita-

---

* Die «Gegenstände» erschienen im deutschen und im italienischen Original im Dezember 1995, begleitet von einer Einführung des Verlegers Vanni Scheiwiller.

lienische und deutsche Zeitungen geschrieben und für die italienische Ausgabe der Briefe seines Schwagers Helmuth James von Moltke in diskreter und eindringlicher Weise Sorge getragen. Sein Beitrag dazu ist, wie es bei HD zu sein pflegt, anonym; der Stil der Einleitung ist jedoch ganz der ihm eigene: nüchtern, unrhetorisch und «objektiv» («res non verba», wenn ihm das nicht zu emphatisch klingt), ein Stil, der an die Grossen der deutschen Literatur erinnert.

Zum Drama des deutschen Widerstands: «Der erschütternde Unterschied besteht darin, dass die Widerständler in den nicht deutschen Ländern gegen einen ausländischen Feind kämpften, während der deutsche Widerstand sich gegen einen Teil seiner eigenen Landsleute und damit gegen das eigene Land richten musste. In Deutschland gab es Partisanen im allgemeinen Sinne – bewaffnete, von der Bevölkerung unterstützte Kämpfer – nicht, so dass die deutschen Widerständler nichts anderes tun konnten, als sich am Planen eines Staatsstreichs zu beteiligen und sich zum gegebenen Zeitpunkt seiner Ausführung zur Verfügung zu stellen. Einzelne Aktionen, wie sie von Moltke unzählige Male mit Erfolg unternommen hat, waren nur möglich, wenn man sich innerhalb des Staatsgefüges bewegte.»

Was wollten deutsche Menschen wie HD und von Moltke anderes als eine bessere Zukunft für ihr Land, und im Falle HD für das von ihm geliebte Italien? Deutschland und Italien, einmal vom Faschismus und vom Nationalsozialismus befreit, sollten wahre Rechtsstaaten werden, wo der Einzelne ohne politischen oder sozialen Zwang leben kann, mithin Ausschluss jeder totalitären Form von Staat, einschliesslich des Kommunismus sowjetischer Prägung («Grundprinzipien für eine Erneuerung», ausgearbeitet von Kreisauer Kreis).

«Die Vergangenheit, die nicht vergeht» ist der Titel eines Briefs vom 26. Februar 1987, den HD Ernst Nolte geschrieben hat. Der deutsche Historiker Nolte («bestia nera» für HD, zusammen mit dem Erzlügner Kurt Waldheim) hatte versucht, ja, er tut es immer noch, seinen Landsleuten zu helfen, sich ihrer Mitverantwortung für die Verbrechen des Nationalsozialismus zu entziehen, dies mit der These, Faschismus und NS seien nur eine Reaktion auf den Bolschewismus gewesen und deshalb verständlich, ja gerechtfertigt. HD ist entrüstet darüber, dass Nolte auf diese Weise die Wahrheit bewusst leugnet. «Vergangenheitsbewältigung» heisst, der Vergangenheit ins Auge schauen und die Verantwortung für die eigene Vergangenheit auf sich nehmen. Einen Teil der seinigen hat HD während des Kriegs auf sich genommen, in Auschwitz, wo er zwischen März 1942 und November 1994 als Dienstverpflichteter zehnmal (alles genau notiert) auf der Baustelle der IG Farben zu tun hatte. Als dort im Juli 1943 die Morde ihren Höhepunkt erreichten – alle auf der Baustelle Tätigen sprachen davon –, wurde es HD klar, dass die entsetzlichen Verbrechen nur mit Beendigung des Kriegs enden würden, folglich musste alles getan werden, um Deutschlands Niederlage zu beschleunigen. Er entschloss sich, «Verräter» zu werden. Viel später wurde ihm bewusst, dass es ihm so gelungen war, auf «fast rechtschaffene Weise» zu überleben, «fast, denn eigentlich hätte er nicht leben, sondern mit den anderen ein Opfer der NS-Verbrecher sein sollen; dieses ‹Unrecht› musste er nun mit in die Zukunft nehmen, welche Freuden und Enttäuschungen ihm das bringen würde, dafür reichte seine Vorstellungskraft in diesem Augenblick nicht aus».

Zwei Gesichter der gleichen Gedenkmünze «Deutschland in Trümmern»: auf der einen Seite die ökumenische Welt eines von Moltke, auf der anderen der Chronist HD, einzelgängerisch, ironisch, aber trotz allem lebensbejahend. Das, was er erzählt, ist alles gelebt: ein Chronist unseres 20. Jahrhunderts, beginnend mit Kindheitserinnerungen aus der Zeit des Ersten Weltkriegs *(Das Raumschiff)*. Die «Gegenstände» sprechen nicht nur von aussergewöhnlichen, dramatischen Geschehnissen, sondern sind eine reiche Mischung, in der die Familie und die Dinge des Alltags, auch die kleinen, ihren Platz haben. Sie zeigen eine Optimismus-Botschaft, eine Beherrschung des Lebens, eine «joie de vivre» *(Vorhang aus gelber Seide, Holländer, Des Kaisers goldenes Besteck)*. La Belle Epoque, die Weimarer Republik, das Nazi-Zwischenspiel, die Nachkriegshoffnungen, die lange Reise nach Europa, alles Teile einer pessimistischen Zuversicht, für die der Leser dem Chronisten dankbar sein kann, er probiere es.

Vanni Scheiwiller

WARUM? WIESO? (ein technisches Vorwort)

«Solltest alles aufschreiben, was du mir – immer mal wieder – von deinem Leben erzählt hast», sagte eine Freundin 1974 dem Chronisten (HD). Folgsam schrieb er eine Anzahl auf Vollständigkeit nicht bedachte Briefe, dann schlief das Unternehmen ein.

Vierzehn Jahre später wurde er von einem neuen Freund ermahnt: «Sie sind doch einer der Zeitgenossen der schrecklichen deutschen Jahre und dazu noch einer der wenigen, der am Zeitgeschehen aufmerksam teilgenommen hat. Schreiben Sie's auf, sonst geht kostbares Wissen zum Schaden der Nachkommen endgültig verloren.» HD wollte aber auf keinen Fall Memoiren schreiben: er meinte, das sollten Leute wie Churchill und Adenauer tun, er könne höchstens zu einzelnen Episoden Selbsterlebtes berichten... und so geschah zunächst nichts.

Im August 1988 sass HD mit anderen Freundinnen und Freunden auf einer Sonnenterrasse am ligurischen Meer. Eine unter ihnen, in Abreise zu einer internationalen Zusammenkunft über Kinder-Psychiatrie begriffen, bat ihn inständig für sie, zum Mitnehmen, aufzuschreiben, wie sich HD als Achtjähriger, auf der Suche nach Selbständigkeit gegenüber seiner Umwelt, stundenlang im Dunkeln, Undefiniertes sinnend, auf einer Schaukel schwebend im Kreise gedreht habe. So entstand der erste «Gegenstand», *Das Raumschiff*, und mit ihm der Entschluss, als Titel für das jeweils zu Berichtende einen «Gegenstand» zu wählen; dieser soll

Anfangs- oder Mittel- oder Zielpunkt sein, im glücklichen Fall alles drei.

Dank ihrer Gegenständlichkeit sollen auch die «Gegenstände» vermeiden helfen, dass die Berichte zur Propaganda zugunsten des Autors entarten. Dieser wünscht sich nichts anderes, als gemeinsam mit den Lesern, an deren Bereitschaft ihm viel liegt, die so verschiedenen Ereignisse und die ihnen zugehörenden Gemütslagen wiederzuerleben. Dabei lässt er sich ausschliesslich von zufälligen Erinnerungen leiten und verzichtet auf jede Art von Chronologie, abgesehen von den Daten der Abfassung der Berichte. Um den unentbehrlichen, uniformen Abstand zu und unter allen Agierenden zu gewährleisten, wirkt HD ausschliesslich in der dritten Person mit.

Eine solche Handhabung des «Handlangers» war schon in zwei vorangegangenen Arbeiten des Chronisten erfolgreich: in der italienischen Ausgabe der Moltke-Briefe («H.J.v. Moltke, Futuro e resistenza – Dalle lettere degli anni 1926-1945» – Brescia 1985) und im Buch von Dr. Eugenie Schwarzwald («Leben mit provisorischer Genehmigung», Wien 1988).

HD's Muttersprache ist Deutsch, aber, nachdem er – seit 1948 – die Hälfte seiner Jahre in Italien, Schauplatz vieler für ihn wesentlicher Ereignisse, gelebt hat, würde er sich wie auf einem Bein humpelnd empfinden, sollte es die «Gegenstände» nicht auch in seiner Adoptivsprache geben. Der kostbaren Hilfe von Freunden ist die italienische Version zu danken, die, wo angezeigt, einer rein wörtlichen Übertragung den Vorzug gibt.

DAS RAUMSCHIFF

Damals, vor mehr als siebzig Jahren, gab es ein «Raumschiff» in der Fachsprache noch nicht, aber, wie man sehen wird, «sie» war ein solches, denn sie bewegte sich im unerforschten Raum, schwebend dank eigener Schwerkraft und der Inspiration ihres Steuerers. Diesem ersten «Raumfahrer» hatte sie sich verschrieben, von ihm zur Dienerin seiner Vorstellungen, seiner Notwendigkeiten, seiner Lüste gemacht.

Es war im vorletzten Jahre des Ersten Weltkriegs, die einzige Fliegerbombe war auf Köln noch nicht gefallen, aber Deutschland hatte schon damit begonnen, den Krieg verdientermassen zu verlieren. Jenes dramatische Geschehen berührte jedoch weder das «Raumschiff» noch den «Raumfahrer»; dazu waren beide noch zu jung und zu behütet.

Wer war «sie», wer war «er»? Er ein kleiner Mensch, im Alter von höchstens 8 Jahren, sie eine ganz gewöhnliche, normale Schaukel.

Als das «Raumfahren» begann, wohnte die Familie erst seit drei Jahren im Raumfahrtzentrum, einem dreistöckigen, einfachen, aber «vornehmen», grossbürgerlichen, palastartigen Haus an einem kleinen dank seiner vier Reihen Linden wohnlichen Altstadtplatz, den das Haus unaufdringlich dominierte.

Durch einen tiefen, von glatten Säulen getragenen Torweg, ursprünglich für Wagen und Pferde, dann für's Auto, gelangte man ins Haus. Im Erdgeschoss befanden sich, zum Platz hin, die Garderoben und das grosse bis Mannshöhe holzgetäfelte dreifenstrige Esszimmer, in das man durch einen fast feierlichen, quadratischen Vorraum gelangte, von dem aus auch die gewaltige Freitreppe zum ersten Stock, zu den eigentlichen Wohnräumen hinaufging. Die eindrucksvolle, aber wohnliche Grösse dieser Räume betraten die Kinder, dort zwar wohlgelitten, mit ein wenig Ehrfurcht – schmutzige Hände waren unangebracht. Das mag zum Entstehen der Raumfahrt im zweiten Stock beigetragen haben: ein wenig Distanz hier, ein wenig dort.

Verweilen wir noch beim Beschreiben des Hauses. Zu den Wohnräumen gehörte ein seiner Bestimmung in 18 Jahren nur ganz selten zugeführter Tanzsaal, reich verziert mit Fresken und Spiegeln an Wänden und Decke, mit goldenen Stühlen und tiefen rosaseidenen Sofas, alles unter Schutzüberzügen versteht sich. Im Ersten Weltkrieg wurden den Kindern gestattet, ihre Eisenbahn im «Saal» aufzubauen; bei einem Brand auf der Eisenbahnbrücke wurde nicht nur der in die Flammen geschickte Zug, sondern auch der Parkettboden in Mitleidenschaft gezogen, was die Hausfrau aber erst nach dem Kriege entdeckte. Ähnlich ging es ihr, als Dachdecker eines Tages berichteten, bis zu einer unerklärbaren Reichweite fehlten überall auf den vier Dachfirsten die beschwerenden Bleiplatten; sie teilte dies ihren inzwischen zu Studenten aufgerückten Söhnen bei einem Abendessen mit und erntete schallendes Gelächter: «Von den Bleiplatten haben wir doch damals Bleisoldaten gegossen!». Während des Krieges, im ungeheizten Saal, waren es drei «Eisenbahner» – HD, sein Bruder und ihr intimster, gleichaltriger Freund, der Sohn des Chauffeurs –, mit einem Schienenstrang von mehr als 10 Meter, winterlich gekleidet, mit Knieschonern ausgestattet, damit den kostbaren Strümpfen erspart bliebe, ihr damals nicht wiedererweckbares Leben durch das Herumrutschen auf dem Boden einzubüssen.

Im Erdgeschoss befanden sich zum Hof hin weite Küchen- und Vorratskammern, ein Esszimmer «für die Leute», eine «Anrichte» mit enormen Geschirrschränken und ein weiterer kleiner Raum, in dem nur Silber und Schuhe gesäubert wurden. Diese der Bedienung dienende Zimmerflucht lag einige Stufen tiefer als die Strassenfront, um Platz für einen kleinen, ganz niedrigen Zwischenstock zu lassen, in welchem sich die Schlafzimmer für zwei Kammerdiener und das «Leutebad» befanden. Bei offenem Fenster konnten die kleinen Söhne des Hauses mit einer langen Latte den Vorhang des Bades vom Hof aus in die Höhe wickeln und so Minna im Bade, die den ihr geschuldeten Respekt damit begründete, dass sie länger im Hause sei als der Raumfahrer, zum furchtbaren Schimpfen bringen, denn sie realisierte nicht, dass die Respektvermissenden zum Hochhalten des Vorhangs senkrecht unter dem Fenster stehen mussten, also nicht einmal den Kopf von Minna über dem Wannenrand sehen konnten.

Vom Küchentrakt aus unternahm ihren Aufstieg die so bezeichnete «Nebentreppe», deren sich auch die «Herrschaft» vom ersten zum zweiten Stock, dem der

Raumfahrt, bedienen musste (deshalb war dieser Teil der Nebentreppe mit einem Läufer versehen). Bevor auch HD und seine gütigen Leser diese Treppe ganz hinaufsteigen, sei im ersten Stock noch eines wichtigen Orts gedacht: dem Klo! Die Modernisierer des alten Hauses waren in ihrem Bestreben, genügend Verrichtungsmöglichkeiten zu schaffen, auf Schwierigkeiten gestossen, die sie dadurch überwunden hatten, dass sie auf jeden Absatz der Nebentreppe eine solche installierten. Das Klo im 1.Stock hatte für die jüngeren Hausbewohner eine kostbare Eigenheit: ein Fenster auf Sitzhöhe. So konnte man sitzen, seinen Verrichtungen nachgehen und dabei mit den Kumpanen im Hof sprechen, streiten, sie ermahnen, sie beschimpfen: «Ich will das nicht! Lasst mein Fahrrad in Ruhe!» «Seid Ihr blind? Der Ball steckt im Efeu hinter der Venus!» Die Venus von Cirene in Gusseisen, vom alten Alfred Krupp dem Urgrossvater geschenkt; ihre schönen weiblichen Körperteile waren den Jungen lieb, weil man mit einem Fuss auf ihrem Busen und mit dem anderen auf ihrer Schulter den Kamm der Mauer zum Nachbarhaus erreichen konnte.

Im 2.Stock angelangt, bittet HD wieder innezuhalten, erwärmt doch die Erinnerung an die fünf den Kindern bestimmten Zimmer mit der Sicht über die Kronen der Linden des Platzes hinweg zu St.Georg, der Kirche des Viertels, noch nach 70 Jahren sein Herz. Die beiden Jungen und ihre um drei Jahre jüngere Schwester hatten je ein Zimmer für sich, dazu eines für ihre Betreuerin und in der Mitte das grosse zweifenstrige Spielzimmer. Die

Eltern schliefen auf der Hofseite. Alle Räume waren untereinander und mit dem Flur durch Türen verbunden, ach so wichtig für ein wunderbares Spiel, an dem die jeweils vorhandenen Erwachsenen mit Leidenschaft teilnahmen: dem *Schleichen*! Das ganze Stockwerk wurde verdunkelt, und dann ging's an ein Verstecken mit Nachlaufen auf Strümpfen, wobei wichtiger als das Laufen das Schleichen und das Greifen der Versteckten war. Laufen taten natürlich die Flüchtenden, denn man war nur «dran», wenn man berührt und gleichzeitig auch identifiziert worden war.

Der «Flur» war ein grosser Durchgangsraum (schätzungsweise 5 x 8 Meter), von der Nebentreppe durch eine Tür getrennt; Licht empfing er nur durch ein Oberlicht; dort oben war eine Tragstange angebracht mit einem Paar zweifach verschlungener Ösen für eine Schaukel. Diese führte ein Doppelleben: einmal das einer normalen Schaukel, die beim Schwingen dank der Grösse und der Höhe des Raums weit ausholen konnte und diesen Dienst häufig und gern versah, und ein anderes Mal, entsprechend verwandelt und ihr Inneres zutiefst berührend, das eines «Raumschiffs». Ziemlich hoch vom Fussboden «stach dies in See», und während seiner Fahrt ins Unbestimmte trachtete es Zusammenstösse zu vermeiden mit dem grossen Schrank voller noch nicht konsumistischer Spielsachen links neben der Tür zur Treppe und, an der Wand gegenüber, mit einer grossen Truhe, die, nebenbei, dem kleinen Raumfahrer das Besteigen des Schiffs erleichterte, auf dem er rittlings sass, sein Gesicht dem Schrank zugewandt. In einer Person war er Motor und Steuermann: die in seinem Blickfeld befindlichen zwei Tragseilstücke der Schaukel bewegte er zu sich und wieder fort von sich, verbunden mit leichtem Neigen seines Körpers, einmal nach rechts, einmal nach links; so geriet die Schaukel – nun zum wahren Schiff ins All geworden – in eine kreisende Bewegung. Endlos, in der Tat oft stundenlang, kreisten die beiden. Meistens geschah das gegen Abend mit abnehmendem Licht oder auch ganz im Dunkel; der Raumfahrer orientierte Zeit und Fahrt am Oberlicht, auf das er häufig Blicke des Einvernehmens richtete. Das langsam zunehmende Dunkel wurde gelegentlich vom Licht aus dem «Bügelzimmer» im Dachgeschoss, dessen Fenster auf den Schacht des Oberlichts gingen, unterbrochen. Dies nahm er hin – es blieb ihm ja nichts anderes übrig –, aber recht war's ihm gar nicht, wurde dadurch doch das nur ihn angehende Hingleiten durch eine abgesonderte Welt gestört. Diese Welt war eine empfundene, kaum geahnte, ohne bestimmten Inhalt; aber gerade durch diese ihre besondere Art bot sie ihm Schutz gegen alles andere, was um ihn herum vorging; er musste nicht Stellung nehmen und befand sich ausserhalb der vielen Kategorien, die ihn schreckten. Kreisend und wiegend blieb er mit sich allein, mit sich und seinen unausgesprochenen Sehnsüchten. Es kam auch vor, dass er dabei einiges vor sich hin murmelte, scheinbar Sinnloses rhythmisch wiederholend. An eine der nicht artikulierten Murmeleien erinnert sich der Raumfahrer: «Viel schöner, viel schöner ist der Rückweg...», wahrscheinlich der Rückweg zu einer anderen, ihm allein zugänglichen Geborgenheit!

Gewöhnlich am Spätnachmittag kam die Mutter hinauf, um im Kinderstock nach dem Rechten zu sehen. Wenn sie den «Flur» durch die Tür rechts vom Schrank betrat und die im Gang befindliche Raumfahrt bemerkte, machte sie kein Licht, sondern mit Vorsicht das kreisende Schiff umgehend tastete sie sich zum Spielzimmer hinüber und gab dem Raumfahrer durch Gesten oder ein paar beruhigende Worte zu verstehen, er solle sich nicht stören lassen. Um diese Stunde bedeutete das jedoch nur einen kurzen Aufschub. Schliesslich zwangen die Bedürfnisse der anderen Hausbewohner das Raumschiff zum Anhalten... bis zur nächsten Fahrt.

Das Verlangen nach ähnlichen Raumfahrten – dem von Zeit zu Zeit entsprochen wurde, wenn auch nicht in der ursprünglichen, vollendeten Art – begleitete HD sein ganzes Leben lang, auch heute noch.

Juli 1988

GROSSER VORHANG AUS GELBER SEIDE

Was haben wir denn, wird sich der gütige Leser fragen, mit einem gelben Vorhang zu schaffen? Wo hing er, welche Aufgabe hatte er? Diente er zu mehr, als es Vorhänge gewöhnlich tun? Augenscheinlich doch, denn wie käme er sonst zu seiner Titel-Würde? Wie alle seinesgleichen schützte er ein Fenster, in unserem Fall ein besonders grosses, davor, dass man «dahinter kommen» könne, kurz, er widmete sich der Diskretion, einer Aufgabe, die nur Vorhängen leicht fällt. Um aufzudecken, wie ernst der unsrige es damit meinte, müssen wir den Leser um Geduld ersuchen.

In einem sich mit wohlüberlegt bescheidener Vornehmheit darbietenden alten, aber 1913 modernisierten Patrizierhaus, in einer ebenso altehrwürdigen wie lebhaften Stadt, an einem kleinen anheimelnden Platz ihrer Altstadt, betrat man vom Torweg aus im Erdgeschoss eine zeremonielle, jedoch weder in ihrer Grösse noch in ihrer Ausstattung besonderes Wesen aus sich machende Empfangshalle. Sie vereinigte fünf Kommunikationswege: alles dominierend eine Freitreppe zum ersten Stockwerk und vier Türen zu verschiedenartigen Ein- und Ausgängen. Die grösste, fast so gewichtig wie die Treppen, war eine zweiflügelige Pforte zu den auf schwarzen Marmorpodesten stehenden hellen glatten Säulen, welche die Decke des «Torwegs» trugen; man müsste sie wohl eine Glastüre nennen, wären ihre vielen kleinen quadratischen geschliffenen Scheiben nicht von ziemlich breiten, unprofilierten Bronzeplatten so eingerahmt gewesen, dass ein Blick vom Torweg in die Empfangshalle nur schwer möglich war. Zwar wurde man von der Schönheit dieser Pforte gefesselt, aber nicht von ihrer vermutbaren Funktion, denn der Besucher, von der Strasse in den Torweg eintretend, wurde von seiner Kenntnis der Ortsgepflogenheiten oder von einem Bediensteten aufgefordert, durch die sich zu seiner Linken öffnenden Garderoben das eigentliche Innere des Hauses zu betreten. Erst von dieser aus gelangte man in eine Art von Empfangshalle, und zwar durch deren zweite Tür, auf der Stirnseite des Raumes gegenüber der Freitreppe; auf der gleichen Seite öffnete sich die dritte Tür zum weitläufigen Esszimmer, besser gesagt Eßsaal mit drei Fenstern zur Strasse; wir werden ihn später zusammen mit den geladenen Gästen betreten. Die viel kleinere vierte Tür, rechts neben der Treppe, wegen des überaus starken aus dem Treppenraum einströmenden Gegenlichts nur von Kennern beachtet und benutzt, diente der Verbindung der Empfangshalle mit den hinteren, etwas tiefer gelegenen Räumen, in denen das Personal seinen Obliegenheiten nachging.

Uns geht es in erster Linie um die grosse Treppe, denn ihr Fenster, Spender der erwähnten Lichtfülle, wurde am Abend von einem gelben Seidenvorhang verborgen, dem Tatort in unserem Bericht; bis zum Geständnis der «Tat» hat es allerdings noch seine Weile.

Die Treppe hatte zwei gegeneinander gestellte Rampen, die eine aus der Empfangshalle hinauf zu einem breiten rechteckigen Treppenabsatz und die zweite von diesem hinauf zu den eigentlichen Wohnräumen im ersten Stockwerk. Auf Mannshöhe über dem Treppenabsatz gab es eine Art von Balkon mit Blumenkästen anstelle eines Geländers und mit einer Fensterbank, auf die sich, sehr wichtig, wie wir später sehen werden, das supergrosse Fenster stützte. Von unten hinaufsteigend sah man den Himmel – in der Erinnerung stets blau –, und nach Überwinden der ersten Stufen trat in den Fensterrahmen die Krone eines gewaltigen, heute noch lebenden Kastanienbaums, so gross, dass er allein den Hof zu einem Garten machte.

Nun diente die Freitreppe nicht nur der Familie, um im täglichen Leben zu den Wohnzimmern zu gelangen und, hinabsteigend, zu den mittäglichen und abendlichen Atzungen, sondern bei den nicht seltenen Empfängen auch den Gästen, die zur Begrüssung im ersten Stock erwartet wurden. Empfänge, damals «Diners» genannt, nicht zu verwechseln mit erst viel später aufkommenden meist unartikulierten «Cocktailparties», waren minuziös vorbereitete Abendtafeln, Zeugnisse für die traditionelle, gesicherte Stellung der Gastgeber und ihr kulturelles Niveau. Dazu gehörte als erstes eine wohldurchdachte Auswahl der Gäste: gleichrangige oder nachrückende Mächtige der Wirtschaft, Ausschlaggebende in der Stadtverwaltung, höhere Beamte des Staats (im Rheinland mehr hingenommen als angesehen), Vertreter des städtischen Musiklebens und andere Intellektuelle, die geeignet schienen, zusammen mit der Gastgeberin das Aufkommen von Banalität oder gar Langeweile zu verhüten, und manchmal auch «wohlerzogene» Mitglieder der weiteren Familie.

Ebenso wichtig für den nie ausbleibenden Erfolg waren die absichtsvolle Tischordnung – hierarchisch, politisch und erotisch musste alles stimmen –, ein raffiniertes Menü, wie im Rheinland üblich französischer Kochkunst entlehnt, der Blumenschmuck auf der Tafel und manchmal Kleinigkeiten, die die Besonderheit des Abends unterstreichen sollten. Bei der Vorbereitung ebenso wie beim Verlauf des Abends war die Gastgeberin unbestritten der stimulierende und die Ehrerbietungen verdient entgegennehmende Mittelpunkt derartiger «Empfänge bei Hof».

Obwohl alles Notwendige zur selbstverständlichen Ausstattung des Haushalts gehörte, bedurften diese Diners doch auch externer Hilfen, in Gestalt eines spezialisierten Kochs, eines allen Hausinsassen vertrauten Blumengeschäfts, besonders zuständig für den Sorgfalt und Phantasie erheischenden Tafelschmuck, vermehrter Dienerschaft und eines zum Türhüter gewandelten Chauffeurs.

Um das uns nun näher rückende «Tatgeschehen» besser auskosten zu können, wird eine Zwischenbemerkung zum Hausklima von Nutzen sein. Es war eine glückliche Mischung von gegenseitiger, wohlwollender Achtung, Vertrauen und jahrelanger Freundschaft, mehr Solidarität als Hierarchie; alle Beteiligten respektierten die Rolle des anderen und spielten die eigene mit Eifer. So waren die zur Hilfe gebetenen Servierer Vertraute des Hauses, hatten sie doch, bevor sie Pförtner oder Bürodiener der Bank des Hausherrn geworden waren, als Hausangestellte – HD's Feder sträubt sich gegen das

Wort «Diener» – bei diesem oder einem anderen Zweig der Familie gewirkt. Sie gehörten mithin länger zum Haus als die Kinder und wurden deshalb von diesen als ältere Freunde betrachtet, mit deren Wissen oder unter deren Schutz sich Dinge tun liessen, die sonst nicht gern gesehen wurden. Ein Beispiel: HD, inzwischen ca. 15jährig, begegnete auf der Strasse, kurz vorm Eingang zu seines Vaters Bank dem «Heinrich», jetzt Kassenbote; dieser lachte so sehr, dass er HD nicht bemerkte, ihm also auch nicht das sonst übliche vertraute Grusswort zuwerfen konnte, worauf dieser in die Pförtnerloge stürzte und stürmisch den Witz hören wollte, den man dort soeben erzählt habe. «Ein Mann von denen, die am Ring (als Hafenarbeiter) arbeiteten, war in den Rhein gefallen. Er konnte, wie damals üblich, nicht schwimmen, und so warfen ihm seine Kollegen hastig ein Seil nach. Als sie ihn schliesslich wieder aufs Trockene gezogen hatten, fragten sie ihn, was er denn zwischen Wasser und Hafenmauer schwebend gedacht habe. «Ich hab' jedachd, wenn ich dat Kördche [kleine Kordel] fluppe loss, lieje de Drei aufm Rügge!». Ähnliche, meist «saubere», für die Stadt und ihre Bewohner so charakteristische Geschichtchen besorgten sich die Söhne des Hauses bei diesen Freunden.

Zurück zum Diner. Die Kinder nahmen an den Vorbereitungen lebhaften Anteil, liefen überall herum, in der Küche schauten sie in die Kochtöpfe, im Esszimmer folgten sie mit Entzücken dem Entstehen des Blumenarrangements auf der Tafel, bewunderten das bei solchen Gelegenheiten hervorgeholte Wedgwood-

Geschirr mit den güldenen Tellerrändern und den Initialen «CTD» sowie die goldenen Gabeln der Urgrossmutter für die «süsse Speise» (von diesen gab es dreizehn, waren also nur für kleinere Diners zu gebrauchen; die dreizehnte hatte einstmals eine abhandengekommene zwölfte ersetzen sollen, die viele Jahre nach ihrem Verschwinden beim Auftrennen einer Galarobe der Urgrossmutter wieder zum Vorschein gekommen war. Wie viele arme Zimmermädchen mögen wohl des Diebstahls verdächtigt worden sein). Zuletzt studierten sie die in der Empfangshalle aufgestellte Tischordnung, manchen Namen kannten sie. Die Anzahl der Gäste schwankte zwischen zehn und zwanzig; erwartet wurden sie um 20 Uhr, und da sie gewöhnlich pünktlich erschienen, galt es rechtzeitig «den Posten zu beziehen».

Wo befand sich der «Tatort»? Auf der Fensterbank hinter dem grossen Vorhang aus gelber Seide! Dort stellten sie sich zu zweit auf, die beiden Brüder, und schliesslich zu dritt, nachdem sie schweren Herzens auch ihre um drei Jahre jüngere Schwester zugelassen hatten. Die kleinste Bewegung hätte nämlich unweigerlich – mit unabsehbaren Folgen – zum Entdecken des Spionagepostens geführt, doch hat sich ein solcher Unfall gottseidank nie ereignet.

Hinter dem gelben Vorhang erwarteten die Späher die nichts ahnenden Gäste, die aus der Garderobe in die Eingangshalle tretend als erstes die auf den grossen Tisch zwischen den oben beschriebenen Türen aufgestellte Tischordnung betrachteten, auf die sie der 1. Diener – in schwarzem Frack – hingewiesen hatte. Man konnte sehen, wie sie seinetwegen Kommentare unterdrückten. Mit jeder Treppenstufe kamen sie den Augen hinter den winzigen Vorhangsspalten näher und wurden, einander zuflüsternd, gesprächiger, leider für die Späher selten verständlich. Meistens waren es Paare, und es wurde verteufelt schwierig das Kichern zu unterdrücken, geschah doch nun meistens etwas Erwartetes: die Frauen, um ihr Decolleté besorgt, zupften noch einmal rasch an ihrem Büstenhalter, oder sie rückten ihren Strumpfgürtel zurecht, oder sie strichen sich ihre Hüften glatt, letzteres, weil die ganz kurzen – fast «mini» – Sackkleider der damaligen Mode keine Taille zeigen durften. Der jüngere der Späher verfolgte letzteres mit Sachkenntnis, die er sich beim Begleiten seiner Mutter zu ihren Schneiderinnen erworben hatte, wo man – ganz zum Schaden der Kundin – nicht immer auf sein Urteil hörte. Die Männer vergewisserten sich gewöhnlich durch Handauflegen der Ordnung ihrer Haare und Schnurrbärte, des Sitzes der schwarzen Fliege ihres Smokings und häufig auch der üblichen linken Unterbringung ihres kostbaren Hoseninhalts (denn rechts trugen sie ja ihre Geldbörse). Nach der unvermeidbaren Wendung der Treppe konnten es die Geladenen nicht vermeiden, ihren Rücken den Blicken der Späher preiszugeben, bei deren schonungslosen Beurteilung Umfang, Bekleidung und Bewegung der unteren Körperhälfte eine entscheidende Rolle spielten. Oben angelangt entschwanden die Gäste, nun ganz ihrer Würde hingegeben, den Blicken der Späher. Die genüssliche Beobachtung der einzelnen wurde gekrönt von dem Zug der Gäste nach unten, nachdem der erste Diener hinaufgeeilt gekommen war, um der Hausfrau zu melden: «Es ist angerichtet, gnädige Frau!» Inzwischen hatten sich die Eingeladenen in den oberen Räumen begrüsst, und die Herren sich den ihnen zugedachten Tischdamen zugesellt, die «unbeweibten» Gäste trollten hinterdrein. In dieser Formation, angeführt von der Hausfrau, schritt man hinab zum Eßsaal. Die Mutter wusste von den Spähern und, auch wenn keinerlei Bewegung des Vorhangs ihr Vorhandensein bestätigte, blinzelte sie begleitet von einem kleinen Lächeln zum Vorhang hinauf, ungeachtet der Möglichkeit, dass ihr Tischherr das Lächeln als ihm geltend hätte in Anspruch nehmen können.

Inzwischen waren die jungen Beine nach mehr als halbstündigem regungslosen Stehen steif geworden, und so verliessen die Späher gerne und von ihrer Ernte höchst befriedigt die gastfreundliche Fensterbank und den schützenden gelben Vorhang. Damit aber noch nicht genug, mischten sie sich unter die hinter den Kulissen Tätigen; durch die Küche gingen sie zur Anrichte, einem Raum, der einige Stufen höher die Küche vom Eßsaal trennte; von hier aus konnte man durch einen Türspalt die Tafel mit der «königlichen» Mutter in der Mitte bewundern.

Wohlgemerkt, niemand hat je mit einem Wort die Späher aufgefordert, die sogenannten Diners als gültige Formen einer bald danach zuendegehenden «Geselligkeit» – die Beteiligten merkten das Ende erst, als ihre wirtschaftliche Lage sie dazu zwang – zu billigen oder gar als erstrebens- und nachahmenswert zu erachten. Die hinter dem Vorhang Verborgenen amüsierten sich halt auf ihre Weise, und das war alles. Nicht einmal als Beispiele aus der «Vorzeit» traten die «Diners» in Erscheinung; sie blieben ein Kuriosum, von dem zu erzählen wiederum HD Spass macht, hoffentlich auch den «unbeteiligten» Lesern. Diese mag es vielleicht interessieren, dass es dem Chronisten nicht gelungen ist, für das Berichtete eine überzeugende Zeitangabe zu finden. 1923 schickten ihn seine Eltern in eine Internatsschule, auch wäre er wohl, beinahe sechzehnjährig, für die Späherrolle zu alt gewesen. Das Jahr zuvor wär's, was ihn betrifft, gegangen, aber 1922 war das böseste Inflationsjahr nach dem Ersten Weltkrieg. Hatten die Privilegierten damals schon wieder so viel Geld und so wenig Gewissen für solche Feste?! Ende 1923 kam die Rentenmark und mit ihr der Beginn des Wirtschaftsbooms... aber hinter dem gelben Vorhang stand die Schwester des Chronisten allein.

September 1988

DER NACHTTOPF VON S. CHIARA

Wann, wo und wie teilte dieser Nachttopf das Schicksal seinergleichen? Der Chronist (HD) kann das unschwer beantworten, muss dazu aber, überzeugt von der nachträglichen Zustimmung seiner Leser, weit ausholen.

Manche mögen sich noch erinnern, dass ein österreichischer Gastarbeiter namens Hitler Adolf 1939 mit dem Beifall der Deutschen einen Angriffskrieg begonnen hatte, der im Mai 1945 für alle Beteiligten, besonders aber für des Gastarbeiters «Volk und Reich» schlecht ausgegangen ist. Den Krieg und die Untaten Hitlers und seiner Schergen – nur sein Freund Stalin (im August 1939 hatten die beiden einander versprochen sich nie mehr weh zu tun) tat es ihm fast gleich – wollten die Deutschen so rasch als möglich vergessen, und so stürzten sie sich mit Eifer auf das Wegräumen der mittels self-service beschafften Trümmer; heute grünt überall wieder der Kohl so sehr, dass die Heutigen sich nur mit Mühe das Damals vorstellen können.

Das Aufwärmen der Vergangenheit soll eigentlich nicht mehr sein, woran sich unser Nachttopf aus guten Gründen nicht halten kann, weil er doch älter war als der Kohl und ihm am Lügen nicht so viel lag wie dem Waldheim. Also musste er sich, wie wir sehen werden, an der Trümmerbeseitigung aktiv beteiligen. Ernst Nolte können wir aber mit der Versicherung erfreuen: die Vorbenützer des Nachttopfs sind «vergangen»; dass er selbst hier noch eine Weile «leer ausgeht», sei der Nachsicht der Leser empfohlen.

Die Trümmer in Deutschland waren fast lückenlos; da, wo die «Feinde» Lücken gelassen hatten, griffen die Deutschen zur Selbsthilfe. An den wenigen, die sich in letzter Stunde diesem Wahnsinn widersetzten, wurden noch NS-Morde begangen, die wie die meisten anderen ungesühnt blieben.

Der Nachttopf, dazu noch ein italienischer, hatte, wohlgemerkt, nichts mit den materiellen, wohl aber mit den deutschen geistigen Trümmern zu tun, deren Trümmerfeld wahrlich noch lückenloser war.

HD, Anfang September 1945 nach Hause, in die Nähe Frankfurts, zurückgekehrt, war wie die meisten Rückkehrer arbeitslos, aber voller erwartungsreicher Begeisterung, nun teilzunehmen am geistigen Neuaufbau, an dem Versuch, dem den Deutschen so vertrauten Faschismus – von rechts und von links – seine geistigen Grundlagen und Gepflogenheiten zu entziehen. Es waren nur wenige, denen er sich zugesellen konnte, denn nur wenige hatten die Kraft und das Glück gehabt, sich vom Nationalsozialismus kompromisslos fernzuhalten. In Frankfurt gehörten dazu einige mit der Universität Verbundene; folglich war es naheliegend, dass man als erstes daran dachte, die Universitäten raschestens wieder zu eröffnen. Leicht gesagt, schwerer getan; denn dazu gehörten nicht nur Fenster anstelle der leeren Fensterhöhlen und integre Lehrer anstelle der noch leereren NS-Professoren, sondern das Entscheidende war etwas N e u e s zu wollen anstelle des Alten, das schon vor

1933 den geistigen Zusammenbruch nicht hat verhindern können.

1927, neun Jahre nach dem ersten deutschen Angriffskrieg, hatte Milena Jesenska, Kafkas grosse Freundin, in einem Bericht über die Stuttgarter «Internationale Werkbundausstellung» geschrieben: «...*Man fragt sich, warum Deutschland, das doch so voll ungewöhnlicher Fähigkeiten ist, ein Land mit Sinn für Ordnung und für Disziplin, allem verdienten Lob zum Trotz so grässlich grau und so traurig ist? Es gibt wohl kein anderes Land mit einer so absoluten Trennung der geistigen Elite von den übrigen Menschen... nur in Deutschland sagt Goethe und Mozart dem "Mann auf der Strasse" nichts.*» HD, einem «Mann aus dem Gestrüpp», einem «Ungebildeten», dem es jeweils schwer gemacht worden ist, sich als Mitspieler - nicht mehr als das! - der geistigen Elite zu empfinden, war diese typisch deutsche Spielregel nur allzu sehr vertraut. So sahen er und seine Freunde 1945 ihre Aufgabe darin, bei allem mitzuwirken, das geeignet sein könnte, die willkürlichen Grenzen zwischen vorwiegend geistig und den anders tätigen Menschen zwar nicht zu verwischen, wohl aber alle Beteiligten dazu zu bringen, im Austausch und gegenseitiger Befruchtung etwas Normales und Unverzichtbares zu sehen. Nieder mit «l'art pour l'art»!

Als ein erster Schritt zur Wiederbelebung der Universität wurde im November 1945 in Frankfurt das *Forum Academicum* mit der Absicht ins Leben gerufen, Vortrags- und Diskussionsabende zu organisieren. Im ersten Rechenschaftsbericht vom März 1946 heisst es: «*Die*

Amerikaner unterscheiden sehr genau zwischen "education", das ist Erziehung und Unterricht hauptsächlich der Jugend, und "information", das ist die Unterrichtung und Informierung der Erwachsenen, welche die Menschen durch ihr ganzes Leben begleiten soll. Bezeichnenderweise gibt es für "information" eine eigentliche Übersetzung ins Deutsche nicht. Die Deutschen waren – von den letzten zwölf Jahren abgesehen – immer recht gut "educated", das heisst durch die Schule gebildet, aber als Erwachsene schlecht über die die Menschheit bewegenden Dinge "informiert" und noch viel weniger zum eigenen Nachdenken angeregt.

Das Forum Academicum will nun versuchen, einem möglichst breiten Publikum "information" zu geben, indem es aus berufenem Munde Probleme und Tatsachen erläutern lässt und das Publikum zu eigner Stellungnahme in der Diskussion auffordert.

Wenn sich das Forum Academicum hierbei auf die Universitäten stützt... so auch, um den in den angelsächsischen Ländern traditionellen nahen Kontakt zwischen Universität und grossem Publikum auch in Deutschland herzustellen...»

Dass dieses Vorhaben unvorstellbar rasch in Gang gebracht werden konnte – bereits am 6.Dezember 1945 sprach Prof.Georg Hohmann über «Bestehen für uns noch geistige Möglichkeiten?» – verdanken die beiden Verantwortlichen, Willy Hartner und Hans Deichmann, den vielfältigen Hilfen der für den Kultursektor zuständigen Abteilung des Military Government. Die amerikanischen Freunde des ICD (Information Control

Division) in Bad Homburg «verschafften» alles: Benzin und Reifen für zwei aus dem Versteck hervorgeholte kleine Autos, riesige Mengen grauer Pappe, mit der die Fenster der «Aula» der Universität «wetterdicht» gemacht wurden, Kreide für die grosse Tafel im Rücken der Redner; nur Heizung konnten auch sie nicht hervorzaubern, wohl aber die elektrische Beleuchtung für die Aula und für die alles andere als bombenlos gebliebene Freitreppe zum ersten Stock. Trotz dieser wenig einladenden äusseren Bedinungen war das Publikum über alles Erwarten zahlreich. Bei den 10 Veranstaltungen im Winter 1945/46 waren stets 400 bis 600 frierende Menschen zugegen; so gross war das Verlangen nach geistiger Trümmerbeseitigung und der Wunsch, bei der Schaffung von etwas Neuem mitzuwirken. Über dies Unternehmen, seine Ergebnisse und sein geräuschloses Auslaufen im Sommer 1948 würde sich ein gesonderter Bericht lohnen; wir dürfen jedoch den Nachttopf in Rom nicht aus den Augen verlieren. Damit haben wir sein WO verraten... um Ungeduld und Neugier der Leser ein wenig zu befriedigen.

In Eintracht mit dem *Forum Academicum*, das heisst mit seinen Zielen und seinen Verantwortlichen, gingen die Bemühungen um die Wiedereröffnung der Hochschulen der amerikanischen Besatzungszone weiter. Dazu hatte man im Sommer 1946 in Marburg Vertreter der Universitäten zu einem Gedanken- und Erfahrungsaustausch zusammengerufen. HD hat daran, wenn er recht erinnert, als einziger «Mann aus dem Gestrüpp» teilgenommen... so sehr war man schon wieder dabei, in die alten Abgrenzungen zu verfallen.

Teil nahm in Marburg auch der italienische Philosophieprofessor Ernesto Grassi, der schon in der NS-Zeit einen Lehrauftrag in München innegehabt hatte; ein Faschist war er sicher nicht, wohl aber wie die meisten Italiener, mit denen HD in den Jahren 1942-1945 in Berührung gekommen war, ein Meister der Tarnung. Kurzum, er kam mit einem Auftrag aus Rom, einige verbürgt nicht nazistische deutsche, wenn möglich im Ausland bekannte Professoren zu einem für die 2.Hälfte November 1946 geplanten internationalen Philosophie-Kongress in Rom einzuladen. Seine Wahl fiel auf Julius Ebbinghaus (inzwischen Rektor in Marburg), Walter Hallstein (inzwischen Rektor in Frankfurt), Willy Hartner (Frankfurt) und HD. «Ich bin doch kein Philosoph und erst recht kein Professor, wie kommen Sie auf mich!» «Schon gut! aber ohne Sie bringen es die drei anderen nicht fertig, nach Rom zu gelangen.» Ein wahrer Hellseher! Wie sich zeigte, hatte er ganz recht und HD alle Hände voll zu tun, um in den kommenden vier Monaten die schier unüberwindlich erscheinenden Hindernisse aus dem Weg zu räumen: amerikanische zonale Ausreiseerlaubnisse, deutsche Pässe, italienische Visen, Durchreisegenehmigungen durch die französische Zone und die Schweiz, Fahrkarten (sofern man das damals schon so nennen konnte), kleinstes Taschengeld für die Reise (in Rom war man eingeladen) etc..

Schliesslich ging die Reise los. Sie war etwas so Aussergewöhnliches – nach Kriegsende die ersten Deutschen als Teilnehmer an einem internationalen Kongress! –, dass der Bürgermeister von Frankfurt sein Auto zur Fahrt bis zum Bahnhof Karlsruhe zur Verfügung stellte (erst von dort aus gab es durchgehende Züge in die Schweiz). In Karlsruhe verbrachten die Reisenden die Nacht in dem zu einem «Hotel» umgerichteten Luftschutzbunker des Bahnhofs (zwei Stockwerke unter der Erde, in oben offenen Zellen, die an Toiletten erinnerten, möbliert mit einer Pritsche).

Früh am Morgen ging es weiter mit einem Urlauberzug für amerikanische Soldaten, natürlich dank einer Sondergenehmigung. Als der Zug in Singen, der Grenzstation zur Schweiz anhielt, hiess es plötzlich «alle Zivilisten aussteigen». Überrascht, aber gefasst standen die Vier ziemlich ratlos mit ihrem Gepäck auf dem Bahnsteig; so einfach war es also doch nicht, die trümmerfreie Welt zu erreichen! Zweierlei Trost war ihnen eine ärmlich gekleidete und schlecht ernährte Frau mit dem Angebot, sich bis zur Grenze ihrer Begleitung und ihres kleinen Handwagens für das Gepäck gegen geringes Entgelt bedienen zu wollen, ein Weg von zwanzig Minuten. Nachdem das Gepäck verstaut war, näherte sich der Gruppe ein wohlgenährter, gut gekleideter Herr – das konnte nur ein Amerikaner sein – und fragte fast schüchtern, ob wohl für seinen nicht grossen Koffer noch Platz auf dem Handwagen sei. Englisch war allen geläufig und so entspann sich eine lebhafte Unterhaltung. Ja, er sei Amerikaner, Diplomat, aber eben auch Zivilist und habe wie die Vier den Soldatenzug vor dem Grenzübertritt verlassen müssen. Als man die Grenze zu

Fuss überschritt und auf Schweizer Boden stand, und die Vier hilflos nach einem Transportmittel Ausschau hielten, lud der Amerikaner sie ein, mit ihm in einem Taxi – einem riesigen Cadillac – zum Bahnhof Basel zu gelangen.

Die Einladung wurde hocherfreut angenommen, nicht aber die zu einem gemeinsamen Lunch; man habe bereits eine andere Verabredung. Solche bestand in Schweizer Franken, welche HD's Bruder in einer Kohlenhandlung in der Nähe des Bahnhofs deponiert hatte. Jahrelang hatte man eine so saubere Strasse nicht gesehen, die auf Glanz polierten Messing-Türklinken der Häuser schienen Schätze aus einer Zauberwelt zu sein. «Nein, Herr Ebbinghaus, das dürfen Sie hier nun wirklich nicht.» Er wollte sich gerade bücken, um Zigarettenstummel ganz langer, nur zu 2/3 geraucher Zigaretten aufzulesen, um daraus wie zu Hause gewohnt Zigaretten zu drehen. Heiter ob der abgeschalteten Entwöhnung und berauscht von einer vergessenen Normalität erreichte man die Kohlenhandlung. Am Kassenschalter nannte HD erwartungsvoll aber schüchtern seinen Namen. Das kleine Fräulein lächelte ermutigend, öffnete die Lade unter der Theke gegen ihren Busen und zog zwei fünfhundert Frankenscheine hervor. Die Vier erstarrten! Zitternd schrieb HD seinen Namen auf die Quittung, und bewegt schweigend verliess man die Kohlenhandlung. Draussen schaute man sich ungläubig an: «Ich hatte 100, höchstens zweihundert Franken erwartet... Jetzt gehen wir aber essen!!» Ein riesiger Kalbsbraten garniert mit Erbsen, Bohnen und Möhren tat dazu das seinige!

Programmgemäss sollten sich nun die Wege der Vier für zwei Tage trennen, jeder hatte eine eigene Verabredung; der seiner Pflichten bewusste HD hatte nur noch die telefonischen Ankündigungen zu übernehmen und die Fahrkarten zu besorgen. Als er zum Treffpunkt, im Bahnhofsrestaurant, zurückkam, winkte ihm Ebbinghaus von weitem mit Gesten der Verzweiflung: «Endlich sind Sie wieder da! Ich habe mir eine Zigarre geben lassen und kann sie nicht bezahlen!» Der Schaden wurde rasch geheilt und jeder der Vier mit genügend Geld für Zigarren ausgestattet.

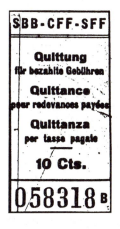

Letztes Gemeinsame in dieser «Zauberwelt»: der Gang zur Toilette, wo man sich gegen Entgelt von 10 Cts. in eine, die Erinnerung an das Karlsruher «Hotel» wachrufende Zelle zurückziehen konnte. Die Quittung vom November '46, Zeugnis für den Rausch der Sauberkeit, wird seitdem in HD's Archiv verwahrt.

Nach zwei Tagen traf man sich im Bahnhof von Luzern, zur gemeinsamen Weiterfahrt nach Rom.

Niemand vergesse, dass 1946 schon bis dahin ein sehr bewegtes Jahr gewesen war: im Januar wurde Österreich in seinen Vornazigrenzen anerkannt, im Frühjahr fanden – viel zu früh, so HD und seine Freunde – in den Westzonen (später BRD) die ersten lokalen Wahlen statt; ab 21.April gab es in der Sowjetzone nur noch die eine SED, Einheitspartei, als Vorstufe zur DDR; am 2.April hatte sich Italien für die Republik entschieden, und am 15.Mai begann der «Kalte Krieg» als Folge der missglückten Pariser Friedenskonferenz.

Der Philosophie-Kongress fand in Rom im Palazzo Madama, dem Senatsgebäude, statt, wo sich die Angereisten zu melden hatten. Der Empfang war freundlich aber zurückhaltend, und so wunderten sich die Vier nicht, als Prof.Grassi, der in Marburg die Einladung ausgesprochen hatte, sie beiseite und «ins Gebet nahm»: nicht alle seien mit der Teilnahme von Deutschen einverstanden, einige hätten offen dagegen protestiert, und so bäte er um grösste Bescheidenheit. Wie brave Schulbuben versprach man Wohlverhalten, war man sich doch schon vorher darüber klar gewesen, dass «die Deutschen» für die Veranstalter eine nicht zu unterschätzende Belastung darstellen würden. Jedoch schon am zweiten Tag, als es um das Funktionieren der Kommissionen ging, schien alles ausgeglichen zu sein und von besonderer Zurückhaltung gegenüber den Deutschen war nur noch wenig zu spüren. Das ging so weit, dass Prof. Ebbinghaus gebeten wurde, die Leitung einer der Kommissionen zu übernehmen, weil der ursprünglich zum Leiter bestimmte französische Kollege nie pünktlich sei!

Im kleinen, sehr alten Hotel S.Chiara, hinter dem Pantheon unmittelbar bei Piazza Minerva waren die Vier untergebracht. Prof.Ebbinghaus wollte dem Ruf deutscher Pünktlichkeit unbedingt entsprechen und so bat er HD, ihn zu einer bestimmten Uhrzeit zu wecken. Man schlief in hohen Eisengestell-Betten, übrigens sehr guten Betten, aber Nachtkästen fehlten... und so stand am Morgen Ebbinghaus' N a c h t t o p f, nicht unbenützt, unter seinem Bett. Es war ein schöner grosser alter Topf, wahrscheinlich ein emaillierter, dem Mobiliar angepasst, was aber nicht hinderte, dass HD sich den Selbstvorwurf der mangelnden Diskretion nicht ersparen konnte. Man schaut deutschen Philosophen nicht in den Nachttopf, und erst recht nicht erlaubt man sich, den Anblick als unangenehm zu empfinden! Jedoch Pflicht ist Pflicht, sagte er sich, und so kam es dazu, dass, auch dank der mehrfachen Wiederholung seiner Unausweichbarkeit, der seiner Bestimmung zugeführte Nachttopf von S.Chiara im Vordergrund der Erinnerung an die erste postnazistische Berührung mit der Aussenwelt blieb. Der Chronist bittet um Vergebung.

Davon ungehindert nahm HD mit starkem, vorwiegend politischem Interesse am Kongress teil, beschränkt auf seine Vollsitzungen. Die übrige Zeit benutzte er zu Wiederbegegnungen mit vielen römischen Freunden und Bekannten aus der Zeit von März 1942 bis Dezember 1943, in der er in Rom dienstverpflichteter Delegierter des NS-Rüstungsministeriums gewesen war. Der Austausch von Erinnerungen an gelungene Hilfs- und Sabotage-Aktionen, schliesslich auch die Bestätigung, nie missverstanden worden zu sein, waren unbeschreibbar bewegend und zukunftsträchtig, nicht zu vergessen auch die Genugtuung, in bescheidenem Umfang dazu beigetragen zu haben, das Böse schliesslich doch in seine Schranken zu weisen. Mit grosser Anteilnahme wurde die gegenseitige Dankbarkeit erneuert.

Am dritten Tage hiess es: «Morgen Abend empfängt Papst Pius XII. den Kongress.» Allenthalben grosse Begeisterung! «Aber», gaben die drei protestantischen deutschen Professoren zu bedenken, «hinknieen vor dem Papst tun wir nicht.» HD's Einwand, das sei doch wie der Eid, der nur Bedeutung habe, solange sein Inhalt überzeuge (den Eid auf Hitler zu leisten hatte HD nur aus sportlichem Vergnügen, nicht wegen moralischer Bedenken vermieden), so sei der Kniefall vor dem Papst für Nicht-Gläubige lediglich eine Höflichkeitsgeste, fand kein Gehör; auch HD's Betrübnis, dass drei deutsche ausgewachsene Professoren im Herbst 1946 (anderthalb Jahre nach Hitler) eine solche Frage für erörterungswert hielten, blieb unbemerkt... weil sie, wohlüberlegt, nicht geäussert wurde.

Die Audienz fand in einem der Säle des Vatikans statt, und dort warteten ca. 200 Philosphen ungefähr eine halbe Stunde sitzend auf den Papst. Bei seinem Erscheinen erhoben sich a l l e ; sie knieten erst nieder, als der Papst zu einem gemeinsamen Gebet aufforderte, ...ausgenommen HD. Dieser war so sehr darauf aus zu beobachten, wie sich «seine» Professoren benahmen, dass er selbst das Niederknien vergass. Welch' Anblick, die Drei lagen da wie gefällte Bäume, und darob vergnüglich lächelnd kniete auch er nieder.

Oktober 1988

RAUFEN

Der wohlbegründete Entschluss des Chronisten (HD), alles Erzählenswerte solle «*Gegenstände*» zum Ausgangs-, zum Mittel- oder zum Schlusspunkt haben (siehe einleitend «Wieso, warum»), zwingt dazu, die «Raufen» zu bitten, im Titel für die lebendigen Wesen, die «Pferde der Essigfabrik», einzuspringen.

Nur mit der Ruhe! Raufen springen nicht, das ist bekannt, aber auch Pferde lässt man möglichst nicht raufen. Jedem Pferde seine Raufe! Die von Besserwissern geäusserten Zweifel, ob es das Wort «Raufe» überhaupt je gegeben habe, wurden durch einen Griff zum Grossen Duden überwunden; dort steht (Herkunftswörterbuch S.553) unter dem Zeitwort «raufen», ganz zuletzt: «Raufe, ein Futtergestell, aus dem das Vieh das Futter rupft (Spätmittelhochdeutsch "roufe")». Der gütige Leser möge beiseite lassen, dass auch Menschen sich rupfen, wenn sie raufen, dass es sich auch heutzutage um beliebte Gefässe handeln könnte, aus denen Politiker Steuergelder rupfen, und, schliesslich, dass HD es nicht über's Herz bringt, die Letzteren und die viel aristokratischeren Pferde in die Kategorie «Vieh» zu verweisen. Bleiben wir darum beim Futtergestell für Pferde und kommen wir, Umwege nicht scheuend, zur Sache.

Das Elternhaus befand sich an der östlichen Längsseite eines, dem Leser bereits bekannten, kleinen, rechteckigen und wohnlichen Platzes in der Altstadt von

Köln. An dessen südlicher Stirnseite waren da noch zwei Gebäude, die während und unmittelbar nach dem ersten Weltkrieg eine nicht zu unterschätzende Rolle für die Kinder gespielt haben. Ein alter Hof mit einem baufälligen Haus und einer Reihe undefinierbarer Schuppen füllte die Ecke des Platzes aus. Dort hatten das Pferd, der Wagen und ein nicht umfangreiches Brikettlager des Klüttebors namens Enders ihr Stammquartier («Klüttebor» nannte man einen Hausierer, der auf einem flachen, mit einer Wiegevorrichtung ausgerüsteten, einspännigen Wagen säuberlich aufgeschichtete Holzkohle-Ziegel, Klütten (Briketts), durch die Strassen fahrend kiloweise feilbot). Mehrmals am Tage fuhr Herr Enders am Elternhaus vorbei – HD vermeint heute noch den Lärm der Hufe und der armierten Wagenräder auf dem holprigen Pflaster zu vernehmen – und jedes Mal wurden auf Kölsch Grussworte und die Tagesneuigkeiten ausgetauscht. So geschah es denn, dass «der Enders», als 1921 die gewesene Kaiserin Augusta in Holland unsere gastliche Erde verliess, und der Vater nicht achtend des Protestes der ganzen Familie auf dem Balkon Schwarz-Weiss-Rot halbmast flaggen liess, fragte: «Is bei Euch ne Floh kapott jejangen?» Die politisch so treffende Frage wurde in den Familienwortschatz übernommen, wo sie in den Nachkriegswirren vorzügliche Dienste tat.

Mittags kehrte in den Hof auch das Dienstauto des Oberbürgermeisters von Köln ein, dem HD's Eltern, durch den Krieg autolos, ihren Chauffeur ausgeborgt hatten. In dem feierlich schwarzen Automobil mit dunkelroten Polstern und, zu diesem Behuf hinabgelassenen, rosa-grauen verblichenen Gardinchen wurde HD von Hermann, dem um ein Jahr älteren Sohn des Chauffeurs, seinem und seines Bruders unzertrennlichen Spielgefährten, bildhaft in die ersten Geheimnisse der männlichen Utensilien eingeweiht.

Das war jedoch viel später. Viele Jahre lang war für die Kinder von ganz unvergleichbarer Bedeutung das an den Hof grenzende zweite Gebäude, in Gestalt eines gepflegten, aber kaum noch benutzten zweistöckigen Häute-Lagers, dessen tiefer Torweg in einen weitläufigen Garten, überreich an alten, hochstämmigen Bäumen, Sträuchern, wilden Blumen und wenig gepflegten Rasenflächen führte. Eigentlich gehörte dieser kleine Park zu einem Wohnhaus, welches ihn aber ignorierte, weil es seine Strassenfront zu einer ganz anderen, wie's den Kindern schien, weit entfernten Strasse hatte.

Zu dieser Oase in der Grosstadt hatten HD und seine Geschwister einen Schlüssel und die Erlaubnis, jederzeit mit ihren Spielgefährten dort einzudringen. Die eigentlichen Besitzer des Gartens sah man nie, aber es gab eine Art von Demarkationslinie, welche die Kinder respektierten, auch um ihrerseits nicht behelligt zu werden. Diesen einzigartigen, gleichzeitig weiten und verborgenen Schauplatz für ihre Spiele suchten sie fast täglich auf; man konnte auch allein hingehen und sich selbst glauben machen, man sei dort sicher vor der übrigen Welt mit ihren vielfältigen Aggressionen, von denen man nicht wusste wie ihnen zu begegnen.

Der Garten war auf der Seite gegenüber dem Torweg von einer vier bis fünf Meter hohen, altersschwarzen

Backsteinmauer begrenzt. Um diese zu erklimmen, musste man sich mit dem einen Bein kletternd in den Astlöchern eines nahen Baums und mit dem andern gegen die Mauer abstützen, in einem Kletterraum von höchstens 40 cm Breite. Oben gelangte man über ein wenige Meter breites Wellblechdach zu einer Reihe schmaler Fenster, welche dem im Erdgeschoss des Lagerhauses einer Essigfabrik befindlichen Pferdestall gedämpftes Licht spendeten. Gewöhnlich am Spätnachmittag kehrten die Stallinsassen, 3 bis 4 an der Zahl, von ihrer Arbeit, dem Auf und Ab in den Strassen Kölns zurück, streckten ihre vier Beine (stehend) von sich und gaben sich dem rührigen Rupfen aus ihren Raufen hin. Angesichts dieses für Pferde wichtigsten Tagesgeschehens wird selbst ein Historiker zugeben müssen, dass die Titel-Wahl für diesen Bericht nicht irreführt, umsomehr als die nun folgende Untat raufenabhängig war. Die Erinnerung daran, wer die Untat ausgeheckt hatte, ist «vergangen» (Ernst Nolte wird zufrieden sein); der Chronist war es wohl nicht, denn er unterhielt tätige Liebesbeziehungen zu vielen Tieren und hatte von seinem Vater die Leidenschaft für Pferde geerbt; aber bei der Ausführung der Tat hat er so eifrig mitgehalten, dass er diese in seine «Vergangenheitsbewältigung» einbeziehen muss.

Kurzum, die drei 10jährigen Buben im Verband bewarfen die müden und friedlich mit dem Rupfen aus ihren Raufen beschäftigten Pferde durch die Fensterluken mit kleinen Steinen. Das war nicht bewusste Tierquälerei, sondern die Sucht nach dem für sie vergnüglichen Ergebnis: höchste Unruhe im Stall, Schnauben und ärgerliches Wiehern, ja sogar Auskeilen; man meinte, die

Pferde stritten miteinander. Da erschien der Stallknecht, und so wurden die armen Pferde zu allem anderen auch noch beschimpft und zur Ruhe gemahnt. Diese dauerte nicht lang, denn sobald die Quälgeister sich wieder in Sicherheit wähnten, liessen sie einen zweiten Steinchenregen auf die Pferderücken niedergehen. Gleicher Erfolg, nur diesmal kam nicht der Stallknecht, sondern es stürzte ein uniformierter Leutnant – es muss also 1917 oder im Frühjahr 1918 gewesen sein – laut fluchend in den Stall und entdeckte sofort die Werfer in den Fenstern. Er eilte in den Hof, ergriff, seine wütenden Drohungen noch vermehrend, eine Leiter und machte unmissverständlich Anstalt, auf das Wellblechdach zu gelangen, um die mutwilligen Lausbuben zu züchtigen. Diese hatten sich, vorausahnend, was nun geschehen würde, mit den Beinen baumelnd auf den Rand der grossen schwarzen Mauer gesetzt. Als der bedrohliche Uniformierte sich ihnen langsam näherte – das Wellblechdach trug ihn nicht so sicher wie die viel leichteren, ortsgeübten Untäter – sprangen sie einer nach dem anderen entsprechend den sich nähernden Schritten des Rächers in den Garten, wo die weiche Erde, das wussten sie aus Erfahrung, ihnen einen zartfühlenden Empfang bereitete. Oben stand der Leutnant erstaunt, ja, etwas hilflos und wusste nicht recht, ob er weiter Drohungen ausstossen oder die wagehalsigen Springer bewundern sollte.

Von da an wurden die Pferde nicht mehr behelligt, an anderen Objekten für ihre grausamen Lüste fehlte es aber HD und seinen Mittätern gewiss nicht.

März 1989

HOLLÄNDER

Sie stieben auseinander, die Spaziergänger auf der Rheinpromenade in Köln zwischen der Hohenzollernbrücke und der Bastei, teils belustigt, teils empört, teils lachend oder drohend, erstaunt oder schimpfend, einige wenige sogar die Fahrkunst bewundernd. So jedenfalls erinnert es der vor 75 Jahren auf dem Gefährt zuhinterst gesessene Chronist (HD).

Diesem wirft man nun vor, er verstecke sich hinter der «dritten Person». Die Vorwerferinnen sind ihm zu wert, als dass er nicht bereit wäre, ihnen zuliebe diesmal mit «ich» und «wir» fortzufahren. Das fällt ihm auch leicht, weil es sich hier bei den Agierenden um eine begrenzte Pluralität dreht.

Um was geht es denn eigentlich, werden die immer zur Ungeduld neigenden Leser fragen (es empfiehlt sich, Angesprochene bei Laune zu halten und ihre Ungeduld nicht in den Wind zu schlagen)? Am Rhein geschah es, aber wie und wo? Welch eine Art Gefährt, geeignet Fussgängern ihre Beschaulichkeit zu rauben? Wie viele und wer waren die Fahrer (wären es nur zwei gewesen, hätte es kein «zuhinterst» sondern nur einen «hinten» gegeben)? Verursachte das Gefährt wohlmöglich Verkehrsprobleme, ähnlich den heutigen, deren niemand Herr wird? gab es gar giftige Abgase? (Nein, giftige nicht.)

Beim Versuch zu antworten stiess ich (HD) auf die erste, die existentielle Schwierigkeit, das Gefährt, seine

Gestalt und seine Seele in Worten zu beschreiben, und dabei Einblick in die Herzen der Fahrer, der Hüter dieser Seele, zu vermitteln: auf eine visuelle Darstellung konnte nicht verzichtet werden. Als ich es mit unbeholfenen, nichts taugenden Zeichnungen versuchte, kam mir die rettende Idee, Hilfe vom Nürnberger Spielzeugmuseum zu erbitten. Siehe da, oh Wunder – eines der Wunder mit denen man fest rechnet –, von dort kam die erhoffte Rettung, begleitet von der schriftlichen Begegnung mit der Leiterin, dem Herzstück des Instituts, die hoffen macht, mit den Holländern möge es nicht enden.

Die Abbildung aus dem Nürnberger Archiv – Teil einer holländischen Werbeanzeige aus den ersten Jahren unseres Jahrhunderts – zeigt einen zweisitzigen Holländer, der sich mit dem Namen «fliegender Holländer» brüstet, wovon ihn seine nur primitive, direkte Kraftübertragung abhalten sollte. Unsere drei Einsitzer – der meinige und die beiden von meinem Bruder Carl und von unserem Freund Hermann – waren dagegen mit einer Zahnradübersetzung ausgerüstet, die ihnen zu einer die Fussgänger in Schrecken versetzenden Geschwindigkeit verhalf. Aber auch sie hatten, wie wir sehen werden, allen Grund sich nicht auch noch mit einem herausfordernden Namen auffällig zu machen. Hermann und sein Holländer hätten das zur Not noch gekonnt, wenn sie nicht zu sehr von der Hilfe, die sie ihren Artgenossen leisten mussten, in Anspruch genommen worden wären. Dass Hilfeleisten befriedigt, ist nichts Neues – «wohltun und sich wohltun» hatte Robert Musil anerkennend von Genia Schwarzwald gesagt – und so geschah es auch hier, um so mehr als sich Hermann's Hilfe unmittelbar steigernd auf die Leistung seines Holländers auswirkte. Wie war das möglich?

Die normale Existenz in Form der ihnen bestimmten Bewegung hatten die drei Einsitzer zusammen mit ihren drei, sieben- bis achtjährigen Fahrern begonnen, indem sie unentwegt im Hof des Elternhauses hin und her fuhren; bei Regen ging es in den Schutz des weitläufigen Torwegs, wo das Fahren auf den weissen, gerillten Bodenplatten einen ungeheuren Lärm verursachte, ein Wohlklang für die Verursacher, weniger doch für die Hausbewohner. Letzteres lässt vermuten, dass es der mit dem Älterwerden der Fahrer wachsenden Zuversicht der Mutter Antrieb gab, entferntere Tummelplätze für die Holländer freizugeben. Das Tor zur Strasse öffnete sich, und die wenig begangenen Bürgersteige um den Georgsplatz herum wurden zur erweiterten Fahrbahn. Um die sich so bietenden Möglichkeiten ganz auszuschöpfen und auch die zu Beginn gar nicht erlaubte asphaltierte Georgstrasse einzubeziehen, musste man von den Trottoirs – so nannte man die Bürgersteige in Köln – einen Sprung hinunter und wieder hinauf tun, das heisst man musste, besonders beim Hinauf mit ganzer Kraft gegen die Bordsteine fahren und durch kurze Gewichtsverlagerung nach hinten, wie ein Reiter, der eine Hürde nehmen will, den Vorderrädern den Sprung auf das Trottoir erleichtern. Ein Schaden verursachender Stoss gegen die Vorderachsen war jedoch nie ganz zu vermeiden, und so zerbrachen diese nach einiger Zeit. Als erstes ereignete sich die Verstümmelung bei meinem, Gegenständen gegenüber weniger achtsamen Bruder. Da stand er nun da, mit einem mechanisch einwandfreien Holländer ohne Vorderachse und ihren Rädern. Zum Lobe unserer Eltern sei erwähnt, dass der Gedanke, beschädigte Holländer könnten durch neue ersetzt werden, nicht einmal in Form eines unerfüllt bleibenden Wunsches aufkam. Das Unglück war gross, bis wir entdeckten, dass man nach Demontieren der Vorderachsreste die vordere Holzgabel hinten auf die Gabel eines anderen Holländers mit einem Draht befestigen konnte. Nun war ich ins Hintertreffen geraten; denn es entstand ein Zweifahrer ähnlich der Abbildung, jedoch mit sechs Rädern und zwei Zahnrad-Antrieben! Schon vorher war ich der jüngste von den dreien, der weniger draufgängerische und langsamere gewesen; nun war's ganz aus!

Inzwischen waren in das Fahrterritorium die Follerstrasse und die Grosse Witschgasse einbezogen worden; letztere war nach Überqueren der Follerstrasse die Fortsetzung der Georgstrasse und führte hinab zum Rhein. Von den vielen Gassen aus der Altstadt zum Rhein war sie die einzige, die ein wenig unter dem Niveau der Rheinufermauer endete, so dass bei heftigem Regen die vorübergehende Bildung eines kleinen Tümpels nicht ausblieb. Aber nicht deswegen erfreute sie sich minderer Beliebtheit bei den Holländern, sondern hauptsächlich weil das Hinauffahren «aus der Tiefe» so mühsam war.

Dort unten links, kurz vor dem Rheinufer, verband die An der Lyskirchen-Gasse unsere Grosse Witschgasse mit dem Filzengraben, einer breiten, weniger proletarisierten, ebenfalls zum Rhein hin abfallenden Strasse. Dort wohnte eine Zeitgenossin, mit der zusammen wir nach der Holländer-Periode die ersten Jugendjahre erlebten. An der Lyskirchen überwand eine kleine Anhöhe, auf deren höchstem Punkt sich unser katholisches Pfarrkirchlein befand. Unsere Urgrossmutter, in deren Haus wir ab 1913 wohnten, muss eine im Stadtviertel hoch angesehene Frau gewesen sein; als sie über 90 Jahre alt das Zeitliche segnete, hatte sie oder hatten ihre Angehörigen mit klingender Münze dafür gesorgt, dass jedes Jahr an ihrem Todestag eine Seelenmesse gelesen wurde, der meine Mutter, damals noch nicht katholisch und auch nicht kirchlich gesonnen, beizuwohnen pflegte. Einmal hatte sie mich, sicher nicht mehr als acht Jahre alt, mitgenommen; an einem kalten, düsteren Novembertag betraten wir, entsprechend korrekt gekleidet, die kleine Kirche und setzten uns unter den scharfen Blicken der üblichen alten Weiber in eine der vorderen Bänke. Inmitten der Heiligen Messe kam der Messdiener, ganz augenscheinlich als Bote des Pfarrers, zu meiner Mutter und flüsterte ihr etwas ins Ohr. Meine Mutter, sichtlich peinlich bestürzt, wandte sich zu mir... und nahm mir mit einer raschen Bewegung die Mütze vom Kopf; vor Scham wäre ich gerne im romanischsteinernen Fussboden versunken. Nachher, auf dem Heimweg lachte meine Mutter darüber, aber noch heute fühle ich, wie sehr ich mich schämte.

Wir sind von den Holländern abgekommen! Man vergebe mir, dass ich mich von den erinnerungsreichen Strassennamen forttragen liess. Mein Unglück, dem fortrasenden Zweier-Holländer nicht folgen zu können und mir bei immer grösser werdenden Abstand meine

Strasse allein zwischen Fussgängern und Pferdebeinen suchen zu müssen, dauerte gottlob nicht lange, denn nun ging auch meine Vorderachse kaputt. In meinem Fall gab's kein Zögern! Alsogleich wurde nun auch mein rad- und achseloser vorderer Teil der Holzgabel von starker Hand auf der hinteren Gabel meines Bruders – stärkere Drähte mussten sicherheitshalber verwendet werden – befestigt. In Köln war es der einzige Dreisitzholländer mit d r e i Antrieben! Man möge sich vorstellen, über welch' geballte Kraft dieses Gefährt verfügte. Vorne sass unser unzertrennlicher Hermann, der Steuermann, dann kam Carl, mein gefürchteter Bruder (der ihn ermahnenden Mutter entgegnete er einmal, auf das, was ich manchmal sagte, könne er nur mit Hieben antworten), und schliesslich ich. Auch wenn die beiden «Vorsitzer» mich fühlen liessen, wie bescheiden ich zu sein hätte, wollte man doch auf meine mitrudernden Arme nicht verzichten, auch nicht auf die Heiterkeit, die es auslöste, wenn ich in zu eng genommenen Kurven zentrifugal meinen glatten, jeden Halts entbehrenden Holzsitz mit dem Asphalt der Strasse vertauschen musste; sofort hielt man, sammelte mich leicht beschädigt auf... und lachte.

Mit diesem Dreier-Fahrzeug kamen wir uns wie die Herren der Strasse vor, was wir im Grunde auch waren, denn alle durch das die gewöhnlichen Spiele missachtende Gefährt Belästigten oder nur Amüsierten waren auf die Sicherheit dieser merkwürdigen Kinder bedacht. Ich kann nicht aufhören, unsere Mutter zu bewundern, dass sie die langen Fahrten zuliess, sie zog es wohl vor, zu erlauben, was sie nicht verhindern konnte, und statt dessen die Gelegenheit zum Anfachen unserer Selbstverantwortung zu nutzen.

Das oft angesteuerte Ziel waren die Grosseltern am Deutschen Ring, ca. 3 bis 4 km von unserem Haus entfernt. Die Fahrt ging hauptsächlich am Rheinufer entlang, zu dem wir über die Georgstrasse, links durch die Follerstrasse und wieder rechts durch den Filzengraben hinunter gelangten; damit waren die hauptsächlichen Gefahrenpunkte überwunden. Es ging dann weiter, immer auf dem Trottoir, unter der Hängebrücke durch, am Zeughaus vorbei, Dom und Hauptbahnhof links liegenlassend, unter der Hohenzollernbrücke durch zur Bastei und dort nach links zum Deutschen Ring. Die grösste Geschwindigkeit erreichten wir auf der breiten Rheinpromenade nach der Hohenzollernbrücke.

Das Gefährt und die stets ereignisreichen Fahrten waren ein Quell höchster Befriedigung: man war in jeder Weise etwas ganz Besonderes: wer war schon in der Stadt Köln mit einem Holländer «unterwegs» und dazu noch mit einem «dreifachen»! Die Holländer liessen uns den Reichtum des gefährlichen Lebens auf eine ihnen eigene Weise erahnen... ganz zu schweigen von der Lust, den Duft der Pferde unter ihren Bäuchen und den Dampf ihrer Exkremente einzufangen.

So spielten die Holländer zu ihrer Zeit eine nicht wegzudenkende Rolle bei unserem Heranwachsen. Gedankt sei den Umständen und den Menschen, die uns das voll auskosten liessen.

Juni 1989

VIER «GOLDENE» KNÖPFE

Die Tischrunde in der «Osteria del Trentin» in Piacenza (wo man, gottlob, emilianisch isst) bestand aus zwei Frauen und zwei Männern. Eine der Frauen ist Architektin in Milano, einer der Männer, HD, der Chronist, ist ohne rechte Herkunftsbezeichnung; manche betiteln ihn «il tedesco», mildern dies jedoch gewöhnlich mit freundlichem, ja oft sogar anerkennendem Lächeln; nun hatten ihn 4 Knöpfe mit ihrem «Gold» in die Lage versetzt, seine Herkunft ein klein wenig zu beleuchten.

Die andere Frau, die bestimmende der Tischrunde, betreibt in Piacenza ein Atelier zur handwerklichen Fertigung von Lithografien, Gravierungen und Radierungen. Der andere Mann ist Antiquitätenhändler und Restaurator. Einem Händler dieser Art begegnet man ja häufiger, nicht aber einem seinem Beruf kenntnisreich verpflichteten Restaurator; und so benutzte HD eine kleine Pause im Gespräch der anderen drei - sie waren bemüht, unter sich das Grundsätzliche eines Projekts zu erörtern, welches der Verwandlung einer der profanen Nutzung überlassenen Kirche in einen Raum für Ausstellungen, Konzerte und Vorträge gelten soll -, um den Restaurator nach den bevorzugten Objekten seiner Kunst zu fragen (derartige Fragen stellt er immer, wenn ihm Langeweile droht oder sich eine günstige Gelegenheit zum Stillen seiner nie aussetzenden Neugier zu bieten scheint).

Als der Restaurator bereitwilligst von Bildern,

Möbeln, Häusern und Kirchen sprach, geschah noch nichts, aber als er die ihn hervorragend bewegenden alten Pferdekutschen und Staatskarossen erwähnte, zuckte es im Hirn des Chronisten: urplötzlich, nach 76 Jahren, blitzten vor ihm vier damals mit fünfjährigen Augen wahrgenommene goldene (natürlich aus Messing), das Familienwappen tragende Knöpfe auf. Sie hatten zur Dekorierung der Rückenenden von zwei Livree-Mänteln aus silber-beigem Tuch gedient und waren angebracht dort, wo ein Mantel sich zwecks freierer Bewegung der Beine spalten soll. Die Träger der Livreen waren ein Kutscher und ein ihm assistierender Diener, beide auf dem «Bock» eines tiefblauen «Coupés» mit grossen hellgelben, gummibereiften Rädern sitzend, welches der jungen «gnädigen Frau», HD's Mutter, im Jahre 1912 zur Ausfahrt in die Stadt Köln diente, und dazu nahm sie manchmal ihren kleinen Sohn mit. Dieser erinnert sich nicht, ob das Coupé von einem oder zwei Pferden gezogen wurde, wohl aber, dass es drei Fenster hatte, je eines in den Türschlägen rechts und links, wo sie mittels eines dunkelblauen breiten Filzbandes hinauf und hinab zu bewegen waren; das dritte war ein waagerechtes festes Fenster auf der Höhe des Kutschbocks, wo allerdings die Möglichkeit hinauszuschauen und der Lichteinlass von dem auf dem Bock sitzenden livrierten Rücken beeinträchtigt wurden. Der Chronist war auch noch zu klein, um den Versuch des Schauens durch dieses Fenster gemacht zu haben, und so sieht sein inneres Auge heute nur die beiden strengen, würdevollen und im Takt der Hufe leicht vibrierenden «kopflosen»

Rücken. Nicht dass die vier Knöpfe die Erinnerung an eine Serie von mehr oder weniger ereignisreichen Ausfahrten ausgelöst hätten, wohl aber an einige kleine Begebenheiten mit nachträglichen Meditationen, die ihre Wurzel in seinem Geburtshaus haben; von diesen soll nun die Rede sein.

Das Haus Trankgasse 7a, ein 1868 erbautes Doppelpalais ungeheuren Ausmasses - auf der einen Seite, zum Rhein zu, bewohnt von HD's Familie, auf der anderen von einem Vetternzweig der Familie Deichmann – hatte eine ihm aufgepappte zweistöckige Fassade im «Renaissance-Stil» zum Domplatz hin und eine dreistöckige Rückseite, die keinerlei Stil-Ehrgeiz hatte; letztere schaute auf einen alten Garten, in dem sich die noch aktiven Pferdeställe aus der Zeit des voraufgegangenen, noch schönen Gebäudes, das dem Bahnhofsvorplatz zum Opfer gefallen war, befanden. HD erinnert die Düsterkeit des Hauses, die einen gleich beim Betreten des Torwegs umgab und die man erst im zweiten Stockwerk loswurde. Dort war es hell, dort waren alle drei Kinder zur Welt gekommen, und dort hatte die Mutter ihre Zufluchtstätte in dem dreifenstrigen «Frühstückzimmer», wo sie ihren Schreibtisch hatte und daneben Freyas Wiege. Die drei Fenster werden erwähnt, weil man durch zwei von ihnen gegen die Fassade des Doms schaute, während man durch das dritte den Bahnhofplatz und die Hohenzollernbrücke sehen konnte. Der Verdacht ist berechtigt, das dritte, viel kleinere Fenster sei erst nach dem Einzug der Neunzehnjährigen(!) – als Frau eines 39jährigen Mannes –

geschaffen worden, um ihr das Atmen in diesem düsteren Hause zu erleichtern; auch wenn es auf, wohl älteren, Fotografien nicht zu sehen ist, HD erinnert es mit Sicherheit.

Am 30. März 1911, am frühen Morgen – die beiden kleinen Söhne von 3$^1/_2$ und 4$^3/_4$ Jahren lagen noch, wartend auf die Weisungen ihrer Kindsfrau, in ihren Kinderbetten – trat der Vater ins Zimmer; er zog, ein wenig gebückt, einen kleinen vierrädrigen hochbeinigen Wagen hinter sich her und verkündete sichtbar zufrieden, gestern Abend hätten Carl und Hans eine kleine Schwester namens Freya bekommen, und diese habe ihnen das Wägelchen mitgebracht. Wie diese wichtige Mitteilung aufgenommen wurde, erinnert HD nicht, wohl aber, wie er selbst vor Erstaunen und Entzükken aus dem weiss lackierten, oben halb geöffneten Gitterbett – ganz oben wurde es nicht mehr geschlossen, dafür war er «schon zu alt» – auf den kleinen Wagen starrte, ein wenig abgelenkt von der Überraschung des so seltenen väterlichen Besuchs zu so früher Stunde. Man möge ihm nachsehen, dass er damals noch zögerte zu erkennen, welch wichtige Plätze der kleine Wagen und die Schwester in seinem Leben einnehmen würden.

Der erstere war ausgerüstet mit vier eisernen roten Rädern, einem Kasten, in dem zur Not vier Kleinkinder Platz hatten, und einer Deichsel, die «feinen Leuten» sogar zum Anspannen eines Ziegenbocks hätte dienen können (aber so «fein» war man ja nicht); unsere Deichsel diente nur zum Ziehen durch Menschenkraft oder zum Steuern (mit dem Fuss eines langgestreckten Beins von einem der beiden kleinen Front-Sitzer)..., wenn es bergab ging. Dies Gefährt hatte einen an Menschen erinnernden Lebenslauf: zunächst behütet im Hause, dann in einem gepflasterten Hof die Welt langsam entdeckend und schliesslich sich gebärdend wie ein Auto der Formel 1, was, auch in diesem Fall, mit Selbstzerstörung endete.

Bevor wir von dem später Betrübnis und Ärgernis erregenden Geschehen berichten, lohnt es – wenigstens dem Berichtenden –, noch einige Augenblicke beim Haus Trankgasse 7a zu verweilen.

Der Augen-Blitz von Piacenza hatte manches wiedererstehen lassen, aber das Erinnern lechzte doch nach Vergewissern; so kam es zur Anfrage bei einer bisher nicht begegneten, der Familiengeschichte nicht abholden Kusine, ob sie vielleicht Fotografien des Hauses von vor 1913 (Jahr des Abbruchs) besitze. Die Annahme, sie hätte solche, war berechtigt, waren doch die brüderlichen Grossväter, der ihre und der von HD, die Erbauer des Hauses gewesen. Die Kusine hatte das Gewünschte und liess eifrigst Laser-Abzüge machen, die willkommene Ergänzungen zum bereits richtig Erinnerten zu Tage förderten, so die Tatsache, dass die sich in Positur setzende Fassade zum Dom hin eine grosse, nackte Seitenwand und eine nüchterne, hässliche Rückwand sich selbst überlassen hatte.

Vom bedrückenden Torweg aus gelangte man nach Überwinden einiger Stufen zum Hochparterre mit seiner fast lichtlosen Haupttreppe zu den oberen Stockwerken.

HD erinnert da unten nur zwei Räume: rechts, zum Dom hin, das grosse Esszimmer mit Mahlzeiten, deren hauptsächlicher, wenig geschätzter Inhalt gutes Benehmen war, überwacht von den «weit entfernt» sitzenden Eltern und einem «Fräulein» (Erzieherin). Wenn es Fisch gab – «was auf den Tisch kommt, wird gegessen» – stopfte der kleine HD seine Backen voller gekauten Fischs und, sobald es irgend möglich war, stürzte er hinaus und spuckte alles ins Klo (auch später ist er Befehlen ungern gefolgt!). Der andere Raum, genau gegenüber dem Esszimmer, zu den Garderoben gehörig, war HD's erstes Schulzimmer. In den ersten Schuljahren besuchten Patrizierkinder nicht öffentliche Schulen, und so wurde auch HD ein Jahr und sein Bruder zwei Jahre lang zu Hause unterrichtet. Sie liebten ihren Lehrer sehr; er war ein in der Familie der Mutter wohlbekannter Rektor einer Vorstadt-Volksschule und wird wohl auch schon der erste Lehrer der Mutter – die nie in eine öffentliche Schule gegangen ist – gewesen sein. Während HD auf einem der Beine seines grossväterlichen Lehrers sitzend aufmerksam die ersten Schritte im ABC machte, konnte er durch's Gartenfenster die Pferde an der Longe beobachten («an der Longe» – für die, die es nicht wissen können – «bewegt» man Pferde, die sonst zu lange im Stall stehen würden, indem man sie an einer langen Leine trabend im Kreise laufen lässt, wie im Zirkus).

Alles, was im Dom vorging, Messen im Freien, Prozessionen, Empfang hoher Geistlicher und dergleichen, konnten die Kinder begierig von dem Fenster im

2.Stock verfolgen, aber in erfüllter Erinnerung geblieben ist nur die Einweihung der Hohenzollernbrücke. Aus diesem Anlass war der Kaiser nach Köln gekommen, und dazu hatte der Vater seine bunte Paradeuniform als Rittmeister der Potsdamer Ulanen, blau und rot mit goldenen Tressen, mit einem schwarzen Tschako auf dem Kopf angezogen. Es herrschte ungeheure Aufregung im Haus, aber der Höhepunkt war das Feuerwerk am Abend und die mit unzähligen blauen, weissen, gelben, roten, grünen Glühbirnen geschmückte Strasse zur Brücke: Bahnhof und Dom hatten ebenfalls Festkleider angelegt. Alles in der Erinnerung greifbar nahe im Blick aus der Mutter Fenster.

In den ersten Augusttagen 1914 begleiteten der kleine HD, seine Mutter und sein Bruder den Vater, ein Rittmeister nun in Feldgrau, zum Hauptbahnhof, wo um die Mittagszeit eine Munitionskolonne mit einem Sonderzug, in der Hauptsache Güterwagen für die Pferde mit geöffneten Türen, Befehl zum Ausrücken nach Frankreich erwartete. HD erinnert wie der Vater und die Mutter in strahlender Sonne vor dem inzwischen an der Stelle der früheren Wohnhäuser errichteten grossen Bürohaus – dem «DEICHMANN-HAUS» – voneinander Abschied nahmen. Er meint, er habe sich – wenn auch inzwischen sieben Jahre alt – Schutz suchend am Rock der Mutter festgehalten. Seine Schüchternheit verschwand jedoch, als der Vater ihn auf den Bahnsteig mitnahm, wo der Pferdezug auf seinen Kommandanten wartete. Die vielen Pferde, jeweils drei auf beiden inneren Seiten der Wagen und ihre Betreuer auf Stroh in der

Mitte, das war ein unvergessener Anblick. Die Pferde stampften ungeduldig, sie wussten ja nicht, wohin es ging... das wussten die Menschen damals noch weniger.

Dem Leser war das Schicksal von «Freyas» kleinem Mitbringwagen versprochen worden. Das war so: das Gefährt, gewöhnlich beladen mit zwei Kindern und mit Bedacht fussgesteuert, diente zur Hinabfahrt durch den Wald von der Anhöhe, auf der die Eltern in der Voreifel lange vor dem Krieg für sich und die Pferde ein komfortables Landhaus hatten errichten lassen, man verbrachte dort hauptsächlich die Sommerferien, im Kriege auch besser ernährt als in der Stadt. Das ging immer gut, bis man es nicht eines Tages im August 1917 mittels einer Viermannbesatzung übertreiben wollte. Da waren eng verstaut, die Steuerung wohl behindernd, die drei sechs bis elfjährigen Kinder und eine kleine Nachbarin. Am Ende der grossen Kurve geriet das Gefährt mit Formel 1-Geschwindigkeit ins Schleudern, schlug um und alle Insassen wurden verletzt, nicht arg, aber ihre Gliedmassen und Gesichter waren voller blutiger Hautabschwürfungen, die eine rasche Heilung nicht versprachen.

In derartigen Fällen gehen Mütter in Mitleid und Besorgnis auf; hier jedoch war's anders: unsere Mutter war wutentbrannt und hätte uns gerne gestraft (wenn's geholfen hätte), denn für die einige Tage danach angesetzte Hochzeit ihrer Schwester Maria waren wir zu einer Art Pagen-Dienst für die Braut eingeteilt. Pagen mit über und über verkrusteten Beinen war selbst für unsere liberale Mutter zuviel! Ihr lauter Groll liess kaum Raum für der Kinder stille Trauer um den auf der Strecke gebliebenen Wagen.

Ehe wir das, was die goldenen Knöpfe wiederbelebt haben, verlassen, sei es HD gegönnt, eine kleine Begebenheit zu erwähnen, die sich 25 Jahre später genau an dem Ort ereignet hat, wo 1912 das Coupé aus- und eingefahren ist, und die zeigt, welch lustige Leute die Kölner auch noch zur Nazizeit geblieben sind. In einem der ersten Nazijahre war ein Freund von HD aus dem Kölner Hauptbahnhof gekommen und wurde gegenüber am Deichmannhaus von einer johlenden Menschenmenge in einer Art von Karnevalsstimmung gehindert weiter zu gehen. Da fuhr ein grosses offenes Auto mit einigen Gala-uniformierten Nazigrössen und einem augenscheinlich zu ehrenden afrikanischen Potentat dunkelster Hautfarbe vorbei. Mein Freund fragte einen Nebenstehenden, was denn da los sei? Antwort: «Sehn' Se denn dat nich, de mache de Apen mit dennen». Will heissen: aus denen machen sie Affen wie im Zirkus... und so machte die Menge die Nazis lächerlich!

Oktober 1989

DIE BRILLE
(«*das Hemd ist einem näher als der Rock*»)

Seien wir genau, es gab nicht nur eine Brille, sondern es waren deren zwei: die eine eines unbekannt Gebliebenen und die andere die des Chronisten (HD); so hatte es die Vorsehung gewollt, am Ende des Monats August des Unheiljahres 1939, drei Tage vor Kriegsbeginn. Noch heute würde man viel darum geben zu wissen, wer der für HD's Leben, wahrscheinlich sogar für sein Überleben ausschlaggebende Brillenträger gewesen ist. Als die Brille des Unbekannten ihn hiess, gehorsam dem Uniformierten zu folgen, hatte man nur seinen Rücken, einen recht farblosen, sehen können. Um so mehr wäre es gut zu wissen, wie sein Leben weitergegangen ist; aber das hatte die Vorsehung nicht mit einbegriffen.

HD und seine Frau, zusammen mit ihren zwei kleinen Kindern und einer ihnen ans Herz gewachsenen Magd aus der Röhn verbrachten die Ferien – «Urlaub» nannte man das, wie unter den militärisch angehauchten Deutschen üblich, bei einem Angestellten der IG Farben – in der Schweiz bei ihren alten, noch rechtzeitig aus dem NS-Österreich entwichenen Freunden. Während sie dort waren, am 17. August, starb ganz unerwartet Hermann Schwarzwald, an gebrochenem Herzen: aus dem Lande vertrieben, dem er in den wichtigsten Jahren seines Lebens mit grossem Erfolg gedient hatte! – «Ihr müsst nach Hause! In wenigen Tagen gibt es Krieg!» Aber HD und seine Frau wollten Genia Schwarzwald, so lange es eben ging, beistehen und so zögerten sie mit ihrem Aufbruch bis zum 28. August. Nun musste man sich trennen, fast gewiss, dass es wohl für immer sein würde (man vergesse nicht, dass die gewöhnlichsten Kontakte mit Juden im Ausland – schreiben oder telefonieren – lebensgefährdend sein konnten!).

Ihre erste Etappe war Ulm. Sie fanden eine sommerliche Stadt, jedoch in den Strassen auffallend wenig Menschen, die nach einer ihnen genommenen Geborgenheit zu suchen schienen; wenig Autos, weil's für Private schon kein Benzin mehr gab, wenig Geräusche, ängstliche Stille auf den Gesichtern, kurz eine Menschheit in Erwartung des unvermeidbar gewordenen Schlimmen. Es begann zu dämmern, und die Polizei wies sie an, verdunkelt, d.h. mit kleinstem Licht zu fahren. HD hat in den kommenden 6 Jahren häufig viel verdunkelter fahren müssen, aber nie wieder war es ihm so gespenstisch vorgekommen, denn später war es zur Realität geworden, in die man sich zu fügen gelernt hatte. Und so fuhren sie im Dunkel viele Stunden lang fast allein auf der Autobahn Stuttgart-Frankfurt. Unheimlich waren die auf der anderen Bahn entgegenkommenden endlosen Kolonnen von Militärfahrzeugen jeder Gattung; stärker verdunkelt als die wenigen Privatautos wirkten sie auf die Insassen des eigenen kleinen Autos wie unheimliche, gefährliche, riesige Untiere, die, wäre es ihnen in den Sinn gekommen, alles hätten verschlingen können; Gespenster ohne Ziel? Nein, kein Zweifel, das war schon der Aufmarsch gegen Frankreich!

Die Kinder schliefen, die Erwachsenen wagten kein

Wort zu sagen. Sie seufzten wie erlöst auf, als das Schild «Bad Homburg v.d.H./Ausfahrt» kam, eine Erlösung, die kurze Beine haben sollte. Nach drei Kilometern war man schliesslich am Ziel, empfangen von der ganz verstörten Hüterin des Hauses, einer alten Hausschneiderin, auch sie sozusagen zur Familie gehörig. In ihren änden zitterte ein Gestellungsbefehl für HD; sei seien schon zweimal dagewesen, nach ihm zu fragen, und nun müsse er sich unbedingt um 8 Uhr beim Wehrmeldeamt in Bad Homburg melden. Er sagte sich: Hätt' ich die Rückfahrt nicht hinausgezögert, wäre ich jetzt schon Soldat. Das erste Zögern hatte also, wie alle Beteiligten sofort bemerkten, kostbare Früchte getragen: eine Nacht mehr zu Hause! Also weiter zögern! «Ich denke nicht daran, in sechs Stunden schlaftrunken dahinzugehen, sie wissen ja nicht, dass ich zurück bin. Jetzt nehme ich ein Schlafmittel – was HD nie tat – und vergesse für ein paar Stunden alles.» Am Morgen rüstete er sich mit den notwendigsten Utensilien aus, dazu mit einer Bibel und mit einer Taschenausgabe von Goethe's Faust, und fuhr mit dem zur Neige gehenden Schweizer Benzin seinem Schicksal entgegen.

Das Wehrmeldeamt hatte sich in einer Seitenstrasse des Kurparks von Bad Homburg installiert; als er ihm gegenüber anhielt, gewahrte er einen Major auf dem Balkon, der ihn anschrie: «Was denken Sie sich dabei, ein schmutziges Auto abzuliefern.» HD, auf Anbrüllen hektisch reagierend, machte, Zorn entbrannt, nicht einmal den Versuch sich zu beherrschen, sondern brüllte zurück, er sei nicht wegen des Autos da, sondern wegen eines Gestellungsbefehls, der ihn bisher nicht erreicht habe, weil er erst vor drei Stunden aus dem Ausland nach Hause gekommen sei. Wenn man ihn nicht wolle, fahre er gern wieder fort. Der Major, nicht gewohnt, von Nachgeordneten zurechtgewiesen zu werden, zog, wie das deutsche Offiziere in solchen Fällen zu tun pflegen, den Schwanz ein und lud HD in fast versöhnlichem Ton ein, «bitte» nach oben zu kommen. «Also ja, da ist ein Gestellungsbefehl für Sie, bleiben Sie gleich da.» «Unmöglich, ich muss nicht nur mein Auto wegbringen, sondern auch in meinem Büro in Frankfurt, die von dem hier nichts wissen, meine ‹kriegswichtigen› Arbeiten übergeben.» «Gut, dann seien Sie um 14 Uhr hier.»

Wieder ein Aufschub, vermutlich eine Aufforderung zu weiterem Zögern! Machen wir's kurz. Die Kollegen bei der IG Farben bemitleideten HD und entliessen ihn mit guten Ratschlägen und warmen Wünschen zum «Einrücken». Zu Hause – das Benzin ging nun wirklich zu Ende – beratschlagte HD mit seiner Frau, was nun zu geschehen habe. Nichts! das Schicksal hinnehmen... nein, doch nicht so rasch; bisher hatte das Zögern Erfolg gehabt. Versuchen wir's noch einmal. «Also, ich gehe nicht um 14 Uhr, sondern erst um 16 Uhr hin!» Das Auto zu dieser letzten Fahrt lenkte seine Frau. In der Strasse vor dem Meldeamt sah man einige hundert Zivilisten in Reih' und Glied angetreten. «Ich winke dir dann oben an der Ecke, wenn ihr vorbeimarschiert.» Das waren die Abschiedsworte seiner Frau. HD stieg aus und ging als erstes auf eine abseits stehende Gruppe, offensichtlich noch nicht eingereihter Zukunftssoldaten zu und fragte flüstern den Nächststehenden, ob sein Name schon aufgerufen worden sei. «Ja, ein paar Mal, geh da hinüber, zum Unteroffizier mit der Liste.» «Ich bleib lieber bei euch und warte, bis ich nochmal aufgerufen werde.»

Zunächst geschah nichts, aber unversehens stand der Unteroffizier wichtig blickend vor der Gruppe der noch nicht Eingereihten: «Ihr da, geht in den Garten und wartet weitere Befehle ab.» Nun sank HD's Herz in die Hose, man konnte wohl nicht mehr ausweichen, und so ging er mit den ca. 20 anderen in den Garten. Das war ein Garten, wie man ihn zu Beginn des Jahrhunderts anzulegen pflegte: eine leichte, künstliche Anhöhe hinterm Haus, von nichts meinenden Bruchsteinen und Gestrüpp unterbrochen, und eine Reihe Bäume ringsherum. Auf zweidrittel Höhe liess er sich im Schatten nieder, sein Atem ging schwer, Angst vor dem nun wohl Unvermeidlichen erfüllte ihn. Seinen Mitleidenden konnte man ansehen, dass sie, Altersgenossen der Jahrgänge 1905-1910, alles andere als kriegsbegeistert waren, sicher auch sie in Sorge um sich selbst und um ihre Familien. Im Frühjahr hatten sie sich schon einmal bei der ärztlichen Untersuchung getroffen, wo man sie alle nach einem letzten Blick des Arztes – «Beugen Sie sich nach vorne!» – in den Hintern für diensttauglich erklärt hatte. Jetzt hoffte jeder noch einmal freizukommen, obwohl dies nur eine trügerische Hoffnung sein konnte; es herrschte traurige Endsommerstille. Da erschien, wieder gewichtigen Schritts, der Unteroffizier: «Draussen ist jemand ausgefallen wegen Beinverletzung. Wer meldet sich freiwillig?» Schweigen, niemand rührte sich. «Also dann du», einer in der vorderen Reihe; diese Tragödie wiederholte sich nach wenigen Minuten. Das darauf folgende längere Warten liess neue Hoffnung aufkommen; doch auch die trog: «Noch ein Freiwilliger wird benötigt!» Wieder keine Meldung: nach dreimaliger ergebnisloser Aufforderung deutete der Unteroffizier auf HD: «Der da mit der Brille!» Zögern, zögern, er kann's ja zweimal sagen, ...nach einigen langen Sekunden erhob sich, gleich hinter ihm, ein anderer mit einer Brille, stieg vom Kunsthügel hinab und entschwand den Blicken; nur seinen Rücken hatte man sehen können. – Kurz darauf hörte man von der Strasse Kommandorufe und das Tritthalten einer langen, abrückenden Kolonne. Zum letzten Mal erschien der Unteroffizier: «Ihr anderen könnt nach Hause gehen, Ihr kriegt in drei Tagen einen neuen Gestellungsbefehl!» Langsam, wie Rekonvaleszenten nach einer langen noch nicht ganz überwundenen Krankheit, erhoben sich die Ausgesparten und verliessen in freudiger Trance den Garten.

HD's Frau, oben an der Strassenecke, strahlte ein wenig ungläubig als sie ihn mit seinem Köfferchen fast torkelnd daher kommen sah, und mit lachenden, begierigen Augen wollte sie wissen, was denn nun sei... «Ich weiss nur nicht, ob der Unteroffizier mich oder den anderen hinter mir gemeint hat; das werde ich wohl nie erfahren. Mit meinem Zögern wollte ich nicht den «Rock vor meinem Hemd» treffen, denn, bevor der andere aufstand, glaubte ich, der einzige mit einer Brille zu sein. Ihm wollte ich jedenfalls kein Unrecht zufügen, …aber herrlich ist's doch, dass ich noch bei dir bin, wer weiss wie lange. Nun kann ich weiter um's Freikommen kämpfen.»

Damit endete «Die Brille», und für ihren Träger begann ein neuer Lebensabschnitt.

HD eilte am nächsten Morgen zu «seiner» IG Farben, wo sich die Kollegen gespannt alles erzählen liessen. «Gut, dass Sie gekommen sind; da können Sie gleich mit uns hier um unser Büro herum Luftschutzgräben ausschaufeln.» «Fällt mir nicht ein, ich werde ja in drei Tagen eingezogen, grabt eure Gräben allein.»

Inzwischen war bekannt geworden, dass die Jahrgänge 1907-10 zunächst zu Schanzarbeiten in Polen eingesetzt und erst später militärisch ausgebildet würden. Der Arbeitgeber überzeugte sich davon, dass HD's zivile Arbeit – Farbstoffe für die IG Farben in Italien zu verkaufen – «kriegswichtiger» sei, und so wurde HD «freigestellt». Dies «hielt», bis ihn im März 1942 ein befreundeter Oberleutnant im Frankfurter Wehrmeldeamt einen Monat im voraus warnte, dass sein Jahrgang nicht mehr «freigestellt» werden dürfe. Sogleich begann HD eine Art von Abschiedsrunde in dem dreitausend Angestellte beherbergenden «IG-Hochhaus». Zwei Wochen später läutete sein Telefon: «Der G.B.Chem. (Generalbevollmächtigte für Sonderfragen der chemischen Erzeugung im Vierjahresplan) sucht jemanden, der Italien kennt und Italienisch spricht. Ich habe Sie genannt, das ist Ihnen doch recht?» sagte ihm der Leiter der Rechtsabteilung. Und ob das HD recht war! Seine Dienstverpflichtung beim G.B.Chem. «hielt» bis Kriegsende und betraf – wieder war das Schicksal gnädig – eine im Grunde rein zivile Arbeit, über die der Chronist in anderem Zusammenhang berichten wird.

Oktober 1989

VIER TELLER IN SCHERBEN

«C'est sauvage, c'est sauvage!!» entrang sich in Paris der wütenden Brust der Portiersfrau von Nr.5 der Rue Villaret de Joyeuses, einer kleinen Seitenstrasse der Avenue de la Grande Armée. Im 5.Stock dieses Hauses bewohnte ein jüngstverheiratetes Paar (Dickie und Hans) von Juli 1934 bis Juni 1935 eine der kleinen möblierten Wohnungen, deren Möbel und Wände sie mit Überzügen aus Sackleinwand bekleidet hatten, um ihnen ein den Bewohnern gemässeres Aussehen zu geben.

Es muss im August 1934 gewesen sein: warme noch nicht verpestete Abendluft strömte durch die Mansardenfenster herein, als ein Auspuffgeräusch ohne Ende eines unter dem Haus mit laufendem Motor abgestellten Motorrads den spannenden Bericht eines holländischen Freundes über sein Leben in China in unerträglicher Weise störte. Es dämmerte, aber die Erzählung war zu spannend, um das Verlangen nach künstlichem Licht aufkommen zu lassen; plötzlich sprang HD auf, lief – zwei Schritte – in die Mini-Küche, ergriff einen kleinen, mit Flüssigkeit gefüllten Kochtopf und liess die Kaskade auf das Motorrad niedergehen... doch es war nicht Wasser, wie HD im Dunkeln angenommen hatte, sondern Milch. Die Milch traf nicht nur zielgerecht das Motorrad, sondern auch das offene Auto der, auch noch nicht alten, Bewohner der Wohnung nebenan; sie hatten die ganze Szene belustigt und beipflichtend aus ihrem

Fenster mitgelebt. Bestürzt wollte HD sich bei ihnen entschuldigen und bot sich als unverzüglicher Reiniger an, doch sie verzichteten nicht nur lachend auf jegliche Hilfe, sondern beglückwünschten sich und HD zu der dank des «Eingriffs» eingetretenen Stille.

Ohne diese geräuschvolle Begebenheit – es bedurfte einiger kleiner Trinkgelder und mehrerer Tage sich entschuldigenden, um Vergebung bittenden Lächelns, um die so wichtige Portiersfrau wieder zu versöhnen – wären die Scherben vielleicht heute noch Teller. Wer diese dazu veranlasst hat, kurz danach ihre Existenz gütigst zugunsten der Scherben aufzugeben, darüber später (selten, dass, wie hier, das in-Scherben-Gehen Positives im Gefolge hat; damals in Paris konnten wir jedoch schon ahnen, dass erst nach 5 Jahren Krieg «Mitteleuropas Scherben» die Deutschen zur Einsicht zwingen würden). Dem bescheidenen Geschehen in Paris ging jedoch einiges kausal dazu Gehöriges voraus, das als erstes berichtet werden muss.

HD, von seinem Arbeitgeber, der IG Farben in Frankfurt, dorthin gesandt, und Dickie, weil die Entscheidung einander zu heiraten schon viel früher gefallen war, sich selbst aus Wien sendend, fanden sich im Mai in Paris wieder, gerade noch rechtzeitig, um sich an die Vorbereitung ihrer auf Anfang Juli angesetzten Vermählung zu machen. Beide hatten nur das für das Tägliche notwendigste Geld, und auch die anstandshalber Dickie begleitende Mutter hatte davon wenig. So waren die Hochzeitsbeiwohner quantitativ sehr beschränkt, ganze zehn Personen, die Hochzeiter und Trauzeugen einbegriffen. Aus London war HD's Tante Emma angereist, die ihre Kölner Neffen seit 1931 liebevoll unterstützt und schon deshalb ein Recht auf kirchliche Trauung hatte. Am 5.Juli tat seine Pflicht Le Maire des 14.Arrondissement, und am 7.Juli der Pfarrer der deutschen evangelischen Kirche in der Rue de Blanche; um die erhebenden Worte des Letzteren ungestört in sich aufnehmen zu können, hatten Bauarbeiter ihr Klopfen gegen die Kirche kraft eines Trinkgeldes für eine halbe Stunde unterbrochen.

Das in jeder Weise – dank des schönen Wetters, des Frohgemuts der Getrauten und ihrer Assistenten, des Menus und des reizvollen Lokals selbst – gelungene Festmahl fand westlich von Paris in einer Sommergaststätte am Rande der Seine, man kann sagen über ihr, mit «den Beinen im Wasser» statt. Wie es zu dieser Ortswahl kam – wahrscheinlich hatte es ein Kundiger empfohlen – ist vergessen, nicht aber der Name: «Le fruit defendu» (für diesen Tag umbenannt in «Le fruit legalisé»). Das Restaurant bestand aus mehreren geräumigen veranda-artigen «Chambres Separées», jede mit einer geräumigen Terrasse über der Seine, auf der wir speisten, und, im Hintergrund, hinter einem grossen Paravent, mit einem Bett in geeigneter Dimension. Das entdeckten die Vorbereiter des Festes erst, als sie mit dem Restaurateur schon alles vereinbart hatten, auch wollten sie auf den Reiz des Grünen und des Wassers nicht mehr verzichten, und so ging es nur darum, Tante Emma an dem Bett mit Hilfe geringer Ausrichtung des Paravents vorbei zu lotsen, was dann auch unschwer gelang.

Das Fest endete am Abend in der Rue Villaret de Joyeuses, wo die Brautleute ihre Schwäger, HD's Bruder Carl und Dickies Schwester Jackie, aus dem eingangs erwähnten Mansardenfenster abwinkten, nachdem jene sich mit Frack und Abendkleid zum Tanzen-Gehen (in Paris!!) hatten ausrüsten lassen.

Im Spätherbst des gleichen Jahres war Genia Schwarzwald der erste Hausgast von Dickie und HD. (Es gab da einen engen Diwan in einem schlauchartigen Zimmerchen zum Hofe zu, durch das man bei Feuergefahr die Hintertreppe erreichen sollte). Zur gleichen Zeit – sicher von den Beteiligten so geplant – war auch Rudolf Serkin, das älteste von Fraudoktors «Kindern», in Paris. Er war gekommen, um bei den Quäkern einen Klavierabend zugunsten der deutschen Emigranten zu geben. HD erinnert dies sehr genau. Es fand in einem nicht sehr grossen und während Rudis Spielen sehr schwach beleuchteten Saal statt. Das Publikum bestand fast ausschliesslich aus Entwurzelten, man hörte nur Deutsch, viele weinten, übermannt von Rührung und Dankbarkeit. Auch HD weinte, er fühlte sich zusammen mit den anderen «vertrieben», vertrieben aus einer Welt, an deren Fortschritt er bis dahin geglaubt hatte. Nun war er hier mit zwei Freunden, die Deutschland schon nicht mehr betreten konnten. Man ahnte, noch viel Schlimmeres werde kommen, und dies werde erst nach «Mitteleuropa in Scherben» überwunden.

Am Tag danach kam Rudi zu Fraudoktor zum Mittagessen in die Rue Villaret de Joyeuses und war begeistert von allem, als erstes natürlich von der tiefen Freundschaft und der Zusammengehörigkeit, welche die vier miteinander verband. Er eilte von einem Zimmerchen ins andere, bewunderte alles, schaute aus den Fenstern, liess sich alles erklären und begleitete mit Gesten der grössten Erheiterung HD's Bericht vom Milchregen auf das Motorrad. Dabei stiess er gegen vier Teller, welche Dickie auf einen kleinen, immer sehr heissen Heizkörper gestellt hatte, um von warmen Tellern das erste von ihr bereitete Freundesmahl zu servieren.

Die Teller zögerten keinen Augenblick und zerschellten in unzähligen Scherben am Boden. Rudi war untröstlich, alle anderen lachten nur, und als HD ihm sagte: «Halt ein! Sonst gehe ich in den Schrank und weine für dich», machte er ein ungläubiges Gesicht: «Wieso Schrank?» – «Ja, es gibt einen grossen Schrank gleich neben dem Eingang mit einer Tür wie die Zimmer, in den man hineingehen... und weinen kann. Wenn ich Dickie etwas angetan habe, oder erst recht wenn umgekehrt, gehe ich in den Schrank und weine laut!» HD machte es ihm vor und Rudi war wieder hell entzückt: «Das will ich auch!» Gesagt, verschwand er im Schrank, doch sein Weinen wurde erstickt im Lachen der anderen und, als er herauskam, stiess er auf sechs Arme, die ihn umarmten!

November 1989

FAHRRÄDER

Kein Wunder, dass viele Fahrräder des Chronisten (HD) etwas von ihrem Radler zu erzählen hätten. Dies wird jedoch nur dreien ihrer Gattung gestattet... nicht ohne dabei mit Rührung und Dankbarkeit des einen oder anderen ihrer Vor- und Nachgänger zu gedenken.

Das Fahrrad in Rom (1942/43)

Kriegsdienstverpflichtet (das war wie vereidigter «Soldat», aber in Zivil gekleidet und nicht militärisch eingesetzt) ab Mitte März 1942 hatte HD drei Vorgesetzte: an der Spitze, weit entfernt von ihm, der berüchtigte, nach dem Krieg von nichts etwas wissende, aber für alles verantwortliche Prof.Carl Krauch («GB-Chem» = Generalbevollmächtigter für Sonderfragen der Chemischen Erzeugung in der «Vierjahresplan»-Behörde des Reichsmarschalls Göring), HD's eigentlicher Abteilungsleiter Oberstleutnant Kirschner (ein Opportunist, dem es nach dem Kriege mühelos gelang, sich mit Büstenhalter-Herstellen vom «NS-Mitläufer» zum «Profitläufer» zu wandeln) und dessen Bürovorsteher (ein gefährlicher Nazi, der sich am 24.4.1945 mittels eines gestohlenen, mit Diebesgut bis zum Rande gefüllten Autos von Milano nach Bozen absetzte).

Unter Assistenz des Letzteren bezog HD am 24.3.42 in Rom seine Dienststelle als «Beauftragter des GB-Chem in Italien». Vorbereitet war alles schon, bevor man überhaupt wusste, wer dieser «Beauftrage» sein werde, der seinerseits nun das Erstaunen kaum verbergen konnte, sich im obersten Stockwerk eines Hauses wiederzufinden, dessen unteres die Aussenstelle des «NS-Generalbevollmächtigten für den Arbeitseinsatz» (Sauckel) beherbergte. Diese Einst-Filiale des deutschen Reichsarbeitsministeriums beschäftigte sich schon lange vor dem Krieg und bis zum 8.September 1943 ausschliesslich mit der Anwerbung, dem Transport und der Betreuung von freiwilligen Arbeitern; erst nach dem italienischen Waffenstillstand, als solche nicht mehr zu finden waren, «interessierte» sich auch diese Stelle für «Zwangsrekrutierte».

Was hat das mit HD's Fahrrad zu tun? Immer das gleiche Problem: wie zügelt man die Ungeduld des Lesers? HD war bis dahin ein totaler Zivilist gewesen und kam nun zum ersten Mal in die räumliche Nähe einer NS-Behörde, ja, war über Nacht der Vertreter einer solchen geworden. Er wusste nicht, wie diesem Ungemach zu begegnen, nur eines beschloss er gleich: alles tun, um nicht mit den «Arbeitseinsätzlern» oder anderen Nazi-Stellen in Rom in einen Topf geworfen zu werden. Man hatte ihm versichert, dass für seine Stellung ein Auto mit einem behördlichen Nummernschild vorgesehen sei. Jedoch: «Da fährt auch wieder so ein Nazi!» sollten die Römer von ihm nicht sagen können! Seine Arbeit hätte auch ein solches Fortbewegungsmittel gar nicht rechtfertigt. Wie sich sofort herausstellte, bewegte er sich in Rom fast ausschliesslich von seinem Hotel am Ende der Via Sistina (Trinità dei Monti) zu seinem Büro in Trastevere, von dort zur Föderation der

Bauindustrie, seiner Vertragspartnerin, in Piazza SS.Apostoli (Piazza Venezia) und nur ganz selten zu anderen Behörden im Zentrum der Stadt. Also beschloss er, sich anstelle eines Autos ein Fahrrad zu beschaffen.

Gewohnt an die NS-Bewirtschaftung, welche im 3.Kriegsjahr die Beschaffung schon eines Nagels zu einem ungewissen Unternehmen gemacht hatte, fragte er zögernd seine römischen Gesprächspartner, wie man zu einem Fahrrad kommen könne. Man kaufe sich eines, eröffnete man ihm lächelnd, und mit der diesbezüglichen Assistenz werde man eine junge, schöne, römische Mitarbeiterin beauftragen; diese kam der Aufgabe umfassend nach und half HD im folgenden, die Schönheiten Roms in allen Himmelsrichtungen zu erradeln.

Man setzt bei den Heutigen die eigene Glaubwürdigkeit aufs Spiel, wenn man es unternimmt, die damalige Stadt der sieben Hügel als das Paradies für Fussgänger und Radfahrer zu erinnern: keinerlei Verkehrsprobleme, kaum Autos, alle Transporte von Waren und Menschen hauptsächlich mittels Pferdegespannen, die überall liebwerte Düfte verbreiteten; wenige überfüllte Trams und Autobusse gab es auch damals, aber im Stadtbild waren sie nebensächlich; alles in reinster Luft, in stetig ventilierter Wärme; seltene heftige Regengüsse, die das grossartige Strahlen der Sonne, dies jeweils nur kurz unterbrechend, förderten und wie Bergbäche die Hügel hinunterspülten; überall gepflegtes Grün, überall Blumen; und das alles in einem Meer phantasievoll artikulierter Häuser und grösserer Bauwerke, die in ihren mannigfachen, aus den ersten Stufen der Farbskala entnommenen Farben mit den Blumen wetteiferten. Für den Nordländer war das durch nichts gehemmte Licht das überwältigendste an Rom, solche scharfen und doch nicht aggressiven Konturen waren für ihn ein tägliches Erlebnis.

HD war die Stadt als Tourist nicht unbekannt, auch seine zivile Arbeit hatte ihn schon mehrmals für einige Tage nach Rom geführt; aber dort l e b e n war etwas ganz anderes. Am Morgen schwang er sich bei Trinità dei Monti auf sein Fahrrad und liess sich in der frischen Morgenluft die Via Gregoriana herabgleiten; das Bremsen war leider notwendig, um rechts abbiegen zu können und, immer noch bergab, die Hauptpost in Piazza San Silvestro zu erreichen, wo ihm am Abend des 25.7.1943 – nach Mussolinis Verhaftung – die Annahme eines Telegramms an seine Frau: «*Nie so gut empfangen*» verweigert werden sollte (die Zensur funktionierte noch); dann zur Piazza Colonna, wo HD, noch nicht neunzehnjährig, am 7.April 1926 zugesehen hatte, wie Mussolini im Auto mit einem grossen Pflaster auf der Nase aus dem Portal des Palazzo Chigi herausgefahren wurde (der Schuss einer Irländerin hatte sein Ziel nur gestreift!); von dort radelte er zum Pantheon, nicht ohne diesem jedesmal bewegt seine Reverenz zu erweisen, und schliesslich am Forum Argentina vorbei und über den Ponte Garibaldi zur «Viale del Re» Nr.1 (heute Viale Trastevere).

Das Rad im Eingang abgestellt, begab er sich in sein Büro im obersten Stock, wo eine grosse Terrasse gestattete, Rom in die bewundernden Arme des hingerissenen Beschauers zu nehmen: gleich davor die Isola Tiberina, rechts der Aventino und links in der Ferne S.Pietro.

Aber auch die unmittelbare Nähe war reich an Blickfängen, die von der Arbeit, dem «tun als ob», ablenkten. Links gegenüber an der Ecke der Strasse, die zu S.Maria in Trastevere führt, gab es ein Kloster, auf dessen Dach Novizen, wenn sie mit dem Wäscheaufhängen fertig waren, Ball spielten. Mit ihren sich im Winde heftig bewegenden schwarzen Kutten schienen sie den in Venedig vor dem Leu fliehenden Mönchen des Carpaccio zu ähneln. Wie man sah, war auch ihnen gestattet, den Ernst ihres Lebens für Augenblicke beiseite zu lassen.

In Piazza S.Maria in Trastevere, wohin man gewöhnlich zu Fuss, manchmal auch mit dem Fahrrad gelangte, gab es «Galassi», eine Trattoria, die nach dem Kriege leider elegant wurde. Zur damaligen Zeit war sie zweigeteilt: man betrat sie durch eine Art von Wein-Bar, immer angefüllt von Trasteveranern, Kutschern, Handwerkern, Kirchendienern, Marktfrauen, alles liebe Leute, welche die regelmässigen Besucher der Essnischen im zweiten Teil mit vertrautem Nicken empfingen. Dort musizierten abends ein alter Ziehharmoniker und ein noch etwas älterer Gitarrer «Lokales» so wunderschön, dass ihr Spiel nicht nur von den Essern mittels trinkgeldlicher Anfeuerung verlängert wurde, sondern es gelang dem Radler auch zweimal, deutsche ernste Dirigenten nach ihrer klassischen Musik für die

Musikanten zu begeistern. Die Komponenten von HD's Dienststelle waren jeden Mittag dort, wo die Atmosphäre des Orts und der Wein der römischen Hügel erfolgreich dazu beitrugen, das Geschehen der Welt für Augenblicke zu vergessen.

Zu den Blickfängen gehörten auch die vielen, inzwischen verschwundenen, typischen Weintransportmittel in Gestalt von hohen, von vermeintlich zu kleinen Pferden gezogenen, mit zwei überdimensionierten Rädern ausgerüsteten Karren – einstmals hatten sie nur dank dieser Räder durch den tiefen Schlamm oder den tiefen Sand aus ihren Dörfern in die Papststadt gelangen können. Auf den schmalen, flachen Karren ohne Seitengitter waren kleine Fässer (ca.90 cm hoch entsprechend der Karrenbreite mit ca.30 cm Durchmesser) hügelförmig aufgestapelt in einer Höhe, die sich danach richtete, ob es leere oder volle Fässer waren, so ausgewogen, dass die Deichsel das Pferd eher hob als belastete; der Wagenlenker sass auf einer Seite der Deichselgabel, gleich hinter dem ihm ins Gesicht wedelnden Pferdeschwanz (gegen die Mücken?) und sorgte vor- oder zurückrückend für den Gewichtsausgleich.

Dreissig Jahre später versuchte der Radler sich auf Geheiss einiger Freunde Rechenschaft über seinen damaligen Seelenzustand zu geben. Er schrieb: «*...ein heute (1976) schier unmögliches Unterfangen, weil die Bewusstseinslage der Menschen eine ganz andere geworden ist, nicht nur die der Individuen und dieser im Kollektiv, sondern auch in ihren heute klareren, aber zugleich* *weniger differenzierten Unterscheidungen. Ich, ein Mensch wohl nicht verschieden von den übrigen, hielt ständig Ausschau nach einer besseren Welt; Zweifel darüber, dass es diese geben werde, hatte ich nie, habe ich immer noch nicht und so lauerte ich ohne Unterlass auf Indizien zu Besserem. Ein Nazi, der sich gut benahm, z.B. nicht denunzierte, konnte mich in Ekstase versetzen: man sah, auch Irregeleitete können vom Guten bewegt werden!*

Ich war kein Moralist und genoss in Rom alles mir mit dem Fahrrad und auf andere Weise erreichbare Schöne ohne Gewissensbisse, aber auch ohne dadurch der Wahrnehmung des Entsetzlichen ausweichen zu wollen und mir das kritische Bewusstsein und die Bereitschaft zur Mitverantwortung nehmen zu lassen. Ich habe später Erklärungen für diese Zweigesichtigkeit gesucht. Keine befriedigte mich und endete stets in Fragen wie: hätte ich die damalige Welt ertragen können, ohne sie vorübergehend auch zu geniessen, ohne mich zutiefst an ihr zu freuen? War das Geniessen eine Kompensation für das Entsetzliche, das man mitzuerleben, mitzuertragen hatte, oder war ich einfach zu jung, um mir sich bietende Gelegenheiten der Freude ausschlagen zu können? Oder war mein Bewusstsein eben doch ungenügend, ja so unterentwickelt, dass ich oft nicht merkte, was in der Welt vorging. Letzteres beantworte ich überzeugt mit NEIN. Das ist ja gerade das Unerklärbare: da mischte sich ständig erlittene Klarsicht und (gewollt?) beschränktes Bewusstsein. Aber auch das stimmt nicht, denn man zweifelte nicht, alles einem Mögliche tun zu sollen, das Böse zu hindern, oder es doch wenigstens zu mildern.»

Direkt gegenüber, auf einem zu einem kleinen Platz erweiterten Bürgersteig war ein Zeitungskiosk und in seiner unmittelbaren, geruchsreichen Nachbarschaft ein Vespasiano; so wurden öffentliche Pissoirs – natürlich nur für Männer – nach dem römischen Kaiser genannt, auf den diese, die menschlichen Uringerüche wenigstens auf bestimmte Strassenecken konzentrierende Erfindung zurückgeht; diese Piss-Häuschen, dadurch charakterisiert, dass man alles gewahr wird, was darin geschieht, nur nicht die am Geschehen zuvörderst beteiligten Körperteile, bestehen aus zwei gegeneinander gestellten blechernen Muscheln, eine nach rechts, eine nach links geöffnet, mit runden der Dezenz wegen kulissenartigen Eingängen; die schützenden Blechwände sind oben und unten ornamental perforiert, so dass man unten die geduldig das Ende der Verrichtung abwartenden Beine und oben den andächtigen, ins Weite gerichteten Blick des Verrichtenden sehen kann.

Eines Tages, im Frühling 1943, erschien ein Bautrupp; in wenigen Stunden war der Zeitungsstand auf die andere Strassenecke verpflanzt und der geschätzte Vespasiano dem Erdboden gleichgemacht. Um die dem Bürgersteig geschlagenen Wunden wurde ein Bretterzaun errichtet, und einer ihm angehefteten amtlichen Mitteilung konnte man entnehmen, dass das Kriegsministerium hier einen öffentlichen Luftschutzkeller zu bauen beabsichtige, eine Absicht, die wegen der bald darauf vollzogenen Landung der Alliierten in Sizilien eine solche blieb. Die Aufmerksamkeit galt vom zweiten Tage an weniger dem stagnierenden Bauvorhaben als allein einem Vespasiano-Huldiger, dessen tiefe Verbundenheit mit diesem Ort seiner Erleichterungen – mit Blick in die Ferne – sich dadurch offenbarte, dass er fortfuhr, zu einer bestimmten Vormittagsstunde am Tatort zu erscheinen; mit Hilfe eines unter seinen Füssen immer wieder nachgebenden Kieshaufens erreichte er mit Mühe die oberste Latte des Zaunes, schwang beide Beine hinüber und liess sich auf der anderen Seite in ebenfalls nachgebenden Sand gleiten; nach einigen schwankenden Schrittchen war er am Ziel, entblösste das Nötige und, nachdem er das für die ihm so vertraute Stelle sorgsam Aufgesparte abgelassen hatte, verschloss er andächtig das nunmehr vom inneren Druck Befreite und trat den wiederum seine ganzen Kräfte beanspruchenden Rückweg an. Höchst erheitert von diesem sich HD und seiner Sekretärin bietenden, bewegenden Schauspiel stellten sie lachend Überlegungen über die Beharrlichkeit und den Starrsinn der Menschen an, aber das schwerelose Lächeln auf ihren Lippen versiegte rasch in der Einsicht, der Krieg werde so lange weitergehen, als es noch Kies gäbe, um Zäune zu bewältigen.

In Rom hatte HD bis zum Mai 1943 eine Verwandte seiner Mutter in Gestalt der Frau des deutschen, dann heimgerufenen Botschafters am Vatikan, Vera von Bergen, deren Tochter aus erster Ehe sozusagen zusammen mit HD und seinen Geschwistern aufgewachsen ist, die es aber unvorgesehenerweise zu einem Defekt gebracht hatte: sie war nämlich eine hohe Führerin im NS-Bund deutscher Mädchen geworden; gegenseitige rücksichtsvolle Scheu verbat es, davon – und vom Gegenteil! – zu sprechen. Um die Tochter geht es hier nicht, aber zur Vervollständigung des Bildes – durch sie, erst in Rom, kam HD zu einer direkten Beziehung zu ihrer vom Nazismus unberührt gebliebenen Mutter – musste sie hier erwähnt werden. HD war mehrmals Gast in der Botschaftsresidenz, wo der Pförtner sein Fahrrad und ihn stets väterlich zu begrüssen pflegte.

Im Jahre 1943 war er viermal dienstlich auf der Baustelle der IG Farben in Auschwitz gewesen und so liess ihm die vom Entsetzen geprägte Suche nach Mitteln, wie man den Verbrechen Einhalt gebieten könne, keine Ruhe. Man hatte ihm gesagt, Vera von Bergen werde von Pius XII. jederzeit empfangen, und so bat HD sie um eine Unterredung «in der Stadt»; sie war dazu sofort bereit und lud ihn zum Mittagessen ins Casino Valadier ein (4.3.43). Wie erwartet wusste seine Gesprächspartnerin noch sehr wenig vom Grauenvollen, das seit einem Jahr in Auschwitz im Gange war; Vera von Bergen zeigte grösstes Verständnis für HD's Vorbringen... jedoch vom Papst zu fordern, Hitler weltöffentlich zu exkommunizieren, dazu konnte sie sich nicht verstehen. Von den kriegsverkürzenden Folgen eines solchen Schritts liess sie sich überzeugen, nicht aber von der eigenen Pflicht, dafür aktiv einzutreten. Wahrscheinlich wusste sie schon, dass der Antikommunismus bei Pius XII. alles überschattete, selbst seine Pflichten als Hüter der Zehn Gebote.

Man trennte sich enttäuscht. Die Tante versuchte die Enttäuschung des Neffen zu mildern durch eine Einladung zu einer Mittagstafel in der Botschaft am 14.März zu Ehren von Aussenminister Ciano und Mussolinis Tochter, seiner Frau. Ciano sass da lächelnd, nicht ahnend, dass sein Schwiegervater ihn neun Monate später auf Hitlers Geheiss erschiessen lassen würde. An diesem «Henkersmahl» nahm HD teil, ohne dabei zur Überzeugung zu gelangen, «mit Grossen am Tisch gesessen zu sein». Dort traf er auch den nur allzu bekannten SS-Dollmann. So gab es genug zu meditieren und... bitter zu belächeln, wenn er an das nur neun Tage zurückliegende Gespräch im Casino Valadier dachte. Ob das sich ein wenig entschuldigende Lächeln der präsidierenden Hausfrau eine historische Wahrheit ist oder nur dem Wunsch des Chronisten damals entsprach, ist nicht mehr feststellbar.

Die Hauptverantwortlichen der IG Farben hatten nach 1938 von den Nazis die Genehmigung erreicht, dass einer ihrer jüdischen Mitbegründer in Rom von einer wohl ausgestatteten Pension der Firma leben durfte. Im Herbst 1942 hatte man in Berlin die Überweisungen gestoppt, und so empfahl HD dem zuständigen Vorstandsmitglied, den Leiter (Weisungsempfänger) einer zur Gruppe gehörenden kleinen chemischen Fabrik in Milano anzuweisen, das Nötige aus seiner schwarzen Kasse zu zahlen. «Du verstehst», meinte der IG-ler ein wenig ärgerlich, «warum ich eine solche Anweisung vermeiden möchte. Bring du das in Ordnung» und so geschah's.

Am 9.Juli folgte HD der Einladung des Bauunternehmers Colombo, der es verstand, seine managerialen Interessen mit einer auch anderem geltenden Unabhängigkeit in Einklang zu bringen, in sein Landhaus in Subiaco, in den Monti Simbruini südöstlich von Rom. Wie Colombo seine sechs Gäste für die Nacht untergebracht hatte, erinnert HD nicht, wohl aber, dass es dort zunächst lustig zuging, obwohl die Atmosphäre in Erwartung des Eintretens entscheidender Dinge immer gespannter wurde... In der Tat traten diese ein: die ganze Nacht hatte jemand dem englischen Radio gelauscht, und am frühen Morgen sagte es: die Engländer sind in Sizilien gelandet und die wenigen Deutschen, welche die nie abwehrwillig gesonnenen Italiener anfeuern sollten, hätten nichts dagegen vermocht. Man eilte nach Rom zurück... und, wie sein Taschenkalender ausweist, ist der «reichsdeutsche» Radler am gleichen Tage, einem Samstag, zum Albaner See geradelt. Der Leser mag sich zusammen mit ihm wundern, der sich nach 47 Jahren immer noch nicht erklären kann, wie das in sein damaliges Weltbild und seine mit Mühe gezähmten Erwartungen gepasst haben mag.

Am 25.Juli kam HD von einer Dienstreise aus Deutschland zurück; sein Zug wurde in der Stazione Tiburtina angehalten. Warum, konnte niemand sagen, aber dort gab es ein Taxi, das ihn im Dunkeln, ohne das Zentrum zu berühren, zu seinem Hotel in der Via Sistina brachte. Dort wurde er mitteilslos empfangen und ging auf sein Zimmer im 5.Stock (dessen Lage zu beschreiben, ist bis zu diesem «historischen» Augenblick aufgespart worden); das Zimmer ging auf einen Balkon hinaus, der mehr ein Vordach der 4.Etage war, von dem aus man über das Dach der Hertziana hinweg die ganze Stadt bis S.Pietro sah. Es war sehr warm an diesem Abend, und so riss HD die Flügeltür zum Vordach auf und rannte halb entkleidet hinaus, um sich an der römischen Nachtluft zu erquicken. Da kamen ihm von unten aus der verdunkelten Stadt vorher nie gehörte hundertfache, jubelnde Stimmen entgegen. Zutiefst erregt kleidete er sich wieder an und eilte hinab um zu erfahren, was da los sei. «Ja, wissen Sie das denn nicht, der König hat Mussolini verhaftet!» Nun hielt es HD nicht mehr in der Obhut seines ihm liebgewordenen Hotels. Er stürzte hinunter zur Piazza Colonna, wo die Menge jubelnd hin und her wogend antifaschistische und antideutsche Kampfrufe ausstiess. Wie der Leser schon weiss, misslang es HD seine Frau telegrafisch an seiner Freude teilnehmen zu lassen, worauf er sinnend langsam wieder zu seinem Hotel hinaufging. Seine Freude wich der Angst, wie es wohl weitergehen, was mit ihm und seiner Familie geschehen werde. Dass der Krieg für Italien nun zuende war, daran zweifelte er nicht, dass das NS-Morden um ihn herum noch fast zwei Jahre fortgehen würde, konnte und wollte er nicht ahnen.

Schon in den nächsten Tagen kam der Befehl aus Berlin. «Alles liquidieren, wichtigere Akten nach Berlin!» Die letzte Radfahrt durch Rom tat der Radler am 2. August, und zwar ausgestattet mit einem Regenschirm.

Wieso erinnert er den Regenschirm? Nachmittags kam er in sein Hotel zurück, das bis dahin «deutschenrein» gewesen war, und fand zu seinem Missvergnügen die ganze Eingangshalle voller deutscher Marine-Offiziere. Auch hier spürte man in der Luft die Spannung. Da nahm ihn ein deutscher «mitlaufender» Bekannter auf der Seite und flüsterte ihm zu: «... aus Florenz kommt die Nachricht, Hitler ist tot.» Im Taumel seiner Seligkeit – e n d l i c h ! – umfing er den Bekannten und tat mit ihm die ersten Schritte eines Freudentanzes mit dem triumphierend erhobenen Regenschirm. Der «Freund» stoppte ihn ganz erschrocken: «Nein, nein, sind Sie wahnsinnig! Wenn's nicht stimmt, sind Sie erledigt!!» ...und so erstickte der Tanz.

Am 3.8.1943 musste der Chronist von Rom Abschied nehmen, nachdem er sein geliebtes Fahrrad der schönen Römerin anvertraut hatte.

* * *

Dem Abschied von Rom folgten sechs wirre Wochen, bis der Oberstleutnant, begleitet von HD, ins «verbündete», besetzte Italien flog. Die Unschlüssigkeiten des GB Chem. hatten sich mit denen Italiens die Waage gehalten und so hatte der erstere nicht recht gewusst, was anderes mit HD anzufangen als ihn für 18 Tage auf Urlaub nach Hause zu schicken.

Am 8.9.1943 kapitulierte Italien; das liess Goebbels die Deutschen erst am 9.9. wissen, den im Zug von Frankfurt nach Berlin sitzenden HD überhaupt nicht. Die Stadt war schon verdunkelt, als dieser am Anhalter Bahnhof ankam und eilends quer über die Strasse zum Büro des GB Chem lief, wo er beim Pförtner seine Bleibe für die Nacht erfahren sollte. Durch das grosse Tor trat er in das geräumige Vestibül, davon ausgehend, dass sein schallendes «HEILHITLER» mit gleichem Wohlklang heimgezahlt werde. Nichts dergleichen: in einer entfernten Ecke gewahrte er drei Männer über ein kärglich beleuchtetes Extrablatt gebeugt. Erst ein zweites «HEILHITLER» liess sie ein wenig verwirrt aufschauen und auf HD's Frage, was es denn Besonderes gebe, verwundert ausrufen: «Ja, wissen Sie das denn nicht, Italien hat Waffenstillstand unterschrieben.» «Ach, wie schön!» entschlüpfte es HD. «Was sagen Sie "schön"?!» Sofort spürte er, dass es nun um Kopf und Kragen ging, und so begann er einen langen «Aufklärungs»-Diskurs: er arbeite seit zwei Jahren für den GB Chem. in Italien und wisse deshalb aus Erfahrung, welch' nutzloser Klotz Italien an Deutschlands Bein gewesen sei. Alles habe aus Deutschland kommen müssen, nicht nur die woanders so dringend gebrauchten Soldaten! Das italienische Heer tauge gar nichts, das habe man doch im Juni bei der Landung der Feinde in Sizilien gesehen. «Bei den Italienern» könne man sich auf nichts verlassen usw. usw. und so sei ihr Ausscheiden ein wahrer Segen für Deutschland. Der Führer habe sicher mehr von diesem Verbündeten erwartet; für ihn müsse es eine harte Enttäuschung gewesen sein. Das Gespräch – besser die Ansprache – endete mit zustimmendem Kopfnicken der Zuhörer, und so hoffte HD, in ihren Augen nicht ein «Defaitist» geblieben zu sein, den man der GESTAPO übergeben müsse. Nach unruhiger Nacht wich die Furcht jedoch erst, als seine Kollegen am

Morgen von ihm wissen wollten, wie er sich nun die Entwicklung in Italien vorstelle... ohne dass jemand seinen Jubelruf vom Vorabend erwähnte!

Das Fahrrad des Kriegsendes und des Nachkriegsbeginns

Man möchte erwarten, dass die drei Fahrräder chronologisch miteinander verbunden seien. Das ist jedoch nur für die beiden ersten der Fall, aber selbst zwischen ihnen gibt es eine vierrädrige Unterbrechung.

Als Dank für das Eintreten HD's zugunsten eines italienischen Bekannten brachte ihn dieser im Winter 1944 zu einer Quelle für den Schwarzkauf des «kostbarsten» Fahrrads seines Lebens. Bevor dieses solches werden konnte, dienten drei seiner Kameraden zur Bestechung von deutschen Offizieren, was nicht nur den angestrebten Nutzen brachte, sondern in der Erinnerung heute noch eine wahre Genugtuung auslöst.

In S.Giovanni Lupatoto, unmittelbar südlich von Verona, hatten Freunde eine nicht unbedeutende Fabrik für sogenannte Lederaustauschstoffe (Isolationsmaterial, Koffer und Behälter verschiedener Art). Im Dezember '44 waren die Eigentümer in höchster Befürchtung, die heraufkommende Front könne ihre Fabrik zerstörend überrollen, und so wollten sie wenigstens ihre Lagerbestände in Sicherheit bringen; daher ihr «Ansinnen», HD «solle» eine LKW-Transport-Kolonne der deutschen Wehrmacht für die Überführung ihrer Schätze nach Milano «organisieren». Ganz so einfach, wie das heute klingt, war das nun keineswegs. Zunächst musste ausfindig gemacht werden, wo es in der Nähe Mailands oder Veronas eine Transporteinheit gab (es fand sich eine in Colà, ca. 5 km nördlich von Peschiera, eingenistet in einem alten burgartigen Schloss), alsdann musste man bei ihrem Kommandanten als sehr kriegswichtig eingeführt werden und diesen überzeugen, um welch' ebenfalls sehr kriegswichtiges Gut es sich handelte, das auf keinen Fall den Feinden in die Hände fallen dürfe. Überzeugt vom nahen Kriegsende – möglicherweise erst nach einem letzten Kampf um Verona, wo sich schliesslich die Deutschen, heroisch wie sie bis zuletzt waren, auf das Sprengen sämtlicher Brücken, auch der nur für Fussgänger benutzbaren römischen beschränkten – und dem angenehmen Gefühl, keinen «offiziellen» Boden mehr unter den Füssen zu haben, machte es HD Spass, eine Militärkolonne mit zahlreichen LKW ihrem Zweck zu entfremden und italienischen Freunden nutzbar zu machen.

Am 22.12.1944 gelang es mit einigen Mühen die Offiziere («starrköpfige» steht im Taschenkalender) zu bewegen, sich des «kriegswichtigen» Transports anzunehmen. Die Angelegenheit kam jedoch erst in Fluss, als HD drei Fahrräder aus der Tasche zog; da wurde man rasch über den Umfang der Kolonne und den Termin einig. Zu welchen Zwecken die Räder dienen sollten, wurde nicht erörtert, doch, obwohl man noch vom «Endsiegen» sprach, wurde die Fluchthilfe nicht ausgeschlossen. Kurzum, man stieg hinab in den Burghof, befreite das Dach der Lancia-Augusta von den «für alle

Fälle» mitgebrachten Rädern und... «Auf Wiedersehen in S.Giovanni in der ersten Februarhälfte».

Pünktlich am 11.Februar 1945 – 2½ Monate vor Kriegsende!, niemand hatte mehr damit gerechnet – erschienen zwei Kolonnen mit je acht LKW. Man war schon beim Laden der zweiten, als HD «zur Kontrolle» eintraf. Alle Beteiligten, besonders die schon nicht mehr ganz jungen deutschen Fahrer waren in allerbester Stimmung, weil die Fabrik für viel Wein, unzählige Salami und um Verona gewachsenen Tabak gesorgt hatte. Am nächsten Tag, auf der Fahrt von Verona nach Milano, entdeckte HD nur einen wegen des Glatteises in den Graben gerutschten LKW; man war schon dabei, seine Fracht auf einen Hilfswagen umzuladen.

Bevor das «zweite» Fahrrad in seine vollen Rechte, Pflichten und Wohltaten treten konnte, mussten noch drei lange, tragische Monate vorbeigehen, tragisch auch für die Deutschen, die sich von nichts daran hindern liessen, bis zuletzt mit ihren entsetzlichen Verbrechen fortzufahren.

Am 25.April gaben die deutschen Truppen in Milano endlich den Weg für die Partisanen frei.

Mit dem 26.April 1945 wurde das Fahrrad täglicher Begleiter, nicht nur ein Transportmittel, sondern auch ein bewegliches Zeichen für die wiedergekehrte, fast schon in Vergessenheit geratene Freiheit, nach deutschen Wachen und Polizisten musste man sich nicht mehr fürchtend umdrehen. HD, der bis dahin, so gut als es ihm gelungen ist, anderen ein wenig Schutz gewährt hatte, wurde zum Schutzsuchenden. Allerdings suchte er selbst den Schutz weniger, als dass dieser ihm von seinen Freunden aufgezwungen wurde. «Giustizia e Libertà» gab ihm nachträglich einen, bis heute wohl verwahrten Ausweis mit Lichtbild. In den ersten Tagen nach der Befreiung wollte man ihm das Ausgehen überhaupt verbieten, ein Verbot, dem er erst bei Eintritt der Dunkelheit Folge leistete; auch entfernte er sich nicht zu weit von Via Gesù 8, der Wohnung der ihn beherbergenden Freunde de Finetti. Aber am Tage der grossen Kundgebung, es muss der 27. oder 28. April gewesen sein, als die Marschkolonne der Partisanen mit dem gesamten CNL (Comitato Nazionale Liberazione) an der Spitze aus dem Corso Vittorio Emanuele kommend auf der Piazza del Duomo vom Jubel der Hunderttausenden begrüsst wurde, stand HD ganz allein nahe dem Eingang der Galleria… und weinte, …überwältigt vom Teilhaben an der rückgewonnenen Freiheit und an der Freude der Menge; er spürte, wie sich in ihm die Verkrampfung der letzten 12 Jahre zu lösen begann, wusste aber nicht recht was damit anzufangen sei, eine grosse bedürftige Leere, die es zu füllen galt. Es war ihm bewusst, er hatte es geschafft zu überleben, auf fast rechtschaffene Weise, fast, denn eigentlich hätte er nicht leben, sondern mit den anderen ein Opfer der NS-Verbrecher sein sollen; dies «Unrecht» musste er nun mit in die Zukunft nehmen; welche Freuden und Enttäuschungen ihm das bringen würde, dafür reichte seine Vorstellungskraft in diesem Augenblick nicht aus.

Zu den unmittelbaren Freuden gehörte es, sich selbst zu den Siegern zu zählen; das wurde von vielen nicht verstanden, am wenigsten von höheren englischen Offizieren, die HD zufällig bei seinem Freund Ferré traf. Es kam jedoch auch vor, dass man sozusagen vergessen hatte, einen Deutschen vor sich zu haben; so bekam er einmal von früheren italienischen Kollegen sogar den Auftrag, in ihrem Namen dem Wirtschaftsbeauftragten des CNL gegenüber den Antrag zu begründen, warum die ehemalige Vertretung der IG Farben nicht vom Staate, sondern von einer privaten Gesellschaft übernommen werden müsse. Der provisorische Wirtschaftsminister lehnte es überaus höflich ab, darüber mit einem, wenn auch noch so gut eingeführten Deutschen zu verhandeln, im übrigen sei es bereits entschieden, diese Organisation in eine staatseigene Firma einzugliedern.

Viele der von HD's Fahrrad zurückgelegten Wege galten dem möglichst baldigen Erlangen einer Erlaubnis, zu seiner Familie in der amerikanischen Besatzungszone zurückzukehren; auf irgendwelche Vorschriften für den Transport von Zivilisten nach Deutschland hatten sich die Alliierten jedoch noch nicht geeinigt, vor der Potsdamer Konferenz seien solche nicht zu erwarten. Auch der englische Sergeant in der Via Telesio, der mürrisch auf vorherigem Anklopfen bestanden hatte und nun verblüfft war von der Geschwindigkeit, mit welcher der «Sieger» sich umdrehte, hinausging, anklopfte und wieder eintrat, wusste keinen Rat. Möglichkeiten, Nachricht zu geben oder solche zu empfangen gab es ebenfalls noch nicht.

An einem der schönen Maitage radelte HD zusammen mit einer früheren deutschen Mitarbeiterin bis in die nördliche Peripherie der Stadt (als Deutscher durfte man sich weiter nicht entfernen). Im geräumigen Garten einer Vorstadt-Trattoria flüchteten sie sich in die äusserste Ecke, um, leise Italienisch sprechend, nicht aufzufallen, da kam die Wirtin zu ihnen an den Tisch und meinte mütterlich: «Ihr seid doch Deutsche?», was ein wenig erschreckt bejaht wurde. «Ach, hier bei mir waren so hilfreiche deutsche Soldaten. Könnt ihr mir sagen, wie ich Nachrichten von ihnen erhalten könnte; das waren so liebe Menschen, und ich habe Angst, es geht ihnen nun schlecht in irgend so einem Gefangenenlager!» Wie schön, nicht alle Deutschen wurden schlecht erinnert!

Drei Monate musste HD in Milano radeln, bis endlich am 2.8. die Nachricht kam, man könne nun die Erlaubnis erhalten, mit anderen «displaced persons» aus einem Sammellager zwischen Bozen und Meran nach Deutschland zurückverfrachtet zu werden. Wann, wisse man allerdings noch nicht.

6.8.: «FSS [*field security service*]: nach 1½ Stunden Erlaubnis, mich aus Milano zu entfernen. ...Nach heftigen Auseinandersetzungen mit Capt.Kane in der Questura auch Reiseerlaubnis bis Bozen.» (So steht's im Taschenkalender.)

Am 7.8. ging's nach S.Giovanni Lupatoto und von dort den nächsten Tag mit dem Fahrrad auf dem Dach nach Bozen. Begleitet hat HD sein guter Freund Stangalini mit einem Auto, das ein zweirädriges Gestell hinter sich herzog, auf dem ein merkwürdiges, Holzkohle brennendes Aggregat zur Erzeugung von Treibgas für den Motor installiert war, und Bozen tatsächlich erreichte. Es funktionierte nur dank eines Fahrers, der ein Experte für diesen bald vergessenen Benzin-Ersatz war und von Verona nach Bozen mehrmals sachgemäss «nachzulegen» wusste.

In Bozen begann ein neues Warten. HD meldete sich beim Camp für «displaced persons» und erreichte, dass er nicht im Camp warten musste. «12 Jahre lang habe ich gegen das NS-Regime gelebt, nun soll ich in ein Lager mit Nazis gesperrt werden? Ich bitte mir das zu erlassen und mir zu gestatten, in der Stadt auf den Zug zu warten; meine italienischen Freunde bezahlen mir meinen Unterhalt.» Der Kommandant des Lagers hatte «grosses Verständnis», gab seine Erlaubnis und versprach, ihn mit dem ersten Zug mitzunehmen. Am 10.8. steht im Taschenkalender: «Bozen Questura: Anmeldung, Abmachung mit Camp bestätigt. Zimmer im "Mondschein".» Und am 29.8.: «Major Geddas: morgen ab!!»

Am 30.8. um 9 Uhr musste HD sich im Lager melden, «13.20 Transport zum Bahnhof, 14.30 im Waggon, bis 17 Uhr in der Stadt, 19.30 Abfahrt». Es war ein Zug aus geschlossenen Güterwagen, deren Türen offen blieben. In einem Güterwagen «reisten» ca.30 Personen, alles Nazis; HD konnte sich einen Platz an der Stirnseite sichern, über ihm hing an einem grossen Haken sein Fahrrad, das er im Dunkel der Nacht von Zeit zu Zeit streichelte. In «Windeseile» war der Zug in $3^{1}/_{2}$ Stunden am Brenner! Dort wartete er $3^{1}/_{2}$ Stunden im Regen «auf den Zug von drüben». Inzwischen war HD zum deutsch-englischen Dolmetscher aufgerückt, was aber erst an der alten deutschen Grenze richtig zur Geltung kam, denn am Brenner und in Innsbruck waren die Franzosen. Der amerikanische Grenz- und Bahnhofsoffizier in Mittenwald war vollkommen hilflos. Der Zug war ihm nicht angesagt worden, erst recht nicht sein Inhalt. Er wusste nicht, was damit anfangen und «bat» schliesslich, man möge doch weiter nach München fahren. Nichts lieber als das! Dort kam der Zug um 19 Uhr an, nicht ohne vor München inmitten grüner Wiesen eine Stunde Halt zu machen, um den Reisenden Gelegenheit zur Erleichterung zu geben: weite Wiesen rechts und links mit zweihundert Pinklern und Pinklerinnen! Auch diesen Anblick vermag HD nicht zu vergessen. Nun aber zum Ernst der Lage!

Im zerstörten Münchner Bahnhof wusste niemand etwas vom «Zug aus Italien». Mit Mühe fanden die Angekommenen, mit HD als ihrem Dolmetscher und Sprecher an der Spitze, einen USA-Offizier, der auch nicht wusste, was mit Transporten deutscher Zivilisten zu geschehen habe. Nach einigen Telefonaten ordnete er an, dass die so plötzlich Eingetroffenen sich – ohne Bewachung und ohne Begleitung! – zu Hitlers «Haus der Deutschen Kunst» begeben sollten; von dort würden sie dann zu einem Lager am Chiemsee gebracht und nach «Sichtung» in die Heimatorte entlassen (was 6 Wochen dauern sollte). «Ohne Bewachung»! das hörte sich gut an, und kurzerhand beschloss HD, dies sei der Moment sich abzusondern und seine Reiseteilnehmer ohne Dolmetscher zu lassen.

Für alle Fälle hatte seine frühere Mitarbeiterin ihm die Adresse ihrer Schwester mitgegeben, die ihn nicht nur beherbergen, sondern ihm auch am nächsten Tag beim CIC, bei dem sie arbeitete, einen Passierschein für die Weiterfahrt besorgen konnte; das galt nicht für die Benutzung eines Militärzuges nach Norden, den es einmal am Tag ausschliesslich für Amerikaner und Deutsche mit USA-Auftrag gab, deshalb riet man HD, einen leeren Kohlenzug vom Güterbahnhof in Laim zu benutzen, das sei zwar auch verboten, aber man könne sich ja verstecken.

Der Zug mit offenen Kohlewagen, der leer ins Ruhrgebiet zurückfuhr, startete um 17.30 und brachte HD bis Hanau, das heisst, man hatte ihm geraten dort den Zug zu wechseln. Aber schon in Augsburg schien es mit dem Glück ein Ende zu haben. Der Zug hielt im Personenbahnhof und für eine lange Stunde schritt eine amerikanische Wache vor dem Waggon auf und ab, um Zivilisten am Einsteigen zu hindern. Zwei Reisegefährten und HD sassen dicht gegen die Aussenwand gedrängt, fast am Boden hingestreckt wie das Fahrrad, in der stetigen Angst, man könne sie vom anderen Bahnsteig aus sehen! Das Schicksal hatte dort jedoch freundlicherweise von einer zweiten Wache abgesehen.

Nun geschah in den Trümmern etwas Unwahrscheinliches: in Hanau gab es einen Sitzplatz in einem, wenn auch übervollen, aber normalen Personenwagenzug, der sich eineinhalb Stunden später auf Friedberg zu in Bewegung setzte. Wie auch das Fahrrad darin Platz gefunden hat, erinnert HD nicht, wohl aber die schmerzhafte Enttäuschung bei der Ankunft in Friedberg. Nichts war's mit dem Noch-in-der-gleichen-Nacht-nach-Hause

Radeln; bis 6 Uhr in der Früh war Polizeistunde und die amerikanischen Wachen, zwar froh, mit einem Deutschen ihre Sprache sprechen zu können, liessen sich nicht erweichen.

Da blieb für die nächsten 7 Stunden nur der Wartesaal! Eine Nacht als Zeuge des grauenvollsten Elends der ersten Nachkriegsmonate! Der Saal mit zerbrochenen Fensterscheiben, überall Berge von Schmutz verschiedenster Art, beschädigte, mehr oder weniger improvisierte Sitzgelegenheiten, in denen die danach Bedürftigen eng in Tuchfühlung wie in einem überfüllten Zug sassen. Sie waren nur schwer zu identifizieren: heimkehrende Soldaten, Flüchtlinge aus dem Osten und aus den zerbombten Städten, «Fremdarbeiter» aller Sprachen, Mütter und Kinder auf der Suche nach Anverwandten, alle taten das Ihrige, unterstützt von den Rauchern, eine unbeschreibbare Atmosphäre von Dünsten jeder Art zu schaffen. Alle lechzten danach ihr Leid zu erzählen, und so hatte man das Empfinden, man könne für diese armen, verzweifelten Wesen ohne Halt, die sich an kaum begründete Hoffnungen klammerten, nur eines tun: ihnen zuhören. Die ganze Nacht liess sich HD Schicksale erzählen. Noch ein Gutes hatte sein Lauschen auf andere: so hatte er selbst nicht mehr genügend Kraft, das eigene Ungewisse zu fürchten, dem er in wenigen Stunden wohlmöglich begegnen musste.

Einige Minuten vor 6 Uhr, am 4.Tag nach seinem Aufbruch aus Bozen, bewog er die Wachen ihn fahren zu lassen, und so bestieg er wieder sein Fahrrad – auch der Leser wird es nun nicht mehr übertrieben finden, es «wertvollst» zu nennen – und begann klopfenden Herzens den Heimweg. Je näher er seinem Ziel kam, umso heftiger radelte er... und schliesslich war er da: vor ihm stand unbeschädigt sein Haus, in dem noch alles schlief, und am gleichen Tag notierte er nur: «... Hartners zu Tisch.»

Für noch kurze Zeit blieb das wertvollste Fahrrad das einzige zuverlässige Mittel der Fortbewegung zwischen den Trümmern, und damit für die Kommunikation überhaupt, zu dieser Zeit fast wichtiger als die leibliche Nahrung.

Das Mailänder Fahrrad

– «Der guten Dinge sind drei» – hat keine dramatischen Geschehnisse zu berichten. Es tat jedoch sehr Wichtiges: es bereicherte das Leben des Radlers, nachdem dieser seinen Wohnsitz in die Stadt verlegt hatte und diente hauptsächlich täglich, wenn's nicht regnete, dazu, ihn von seiner Wohnung zur Arbeitsstätte zu befördern. Er war ein seit langem wohlbestallter «consigliere delegato» (kommt praktisch dem «Vorsitzenden des Vorstands» gleich) einer Vertriebsgesellschaft für deutsche chemische Produkte..., so dass das Radfahren in der Stadt eigentlich nicht recht «standesgemäss» war. Abgesehen von dem Vergnügen, das es zu jener Zeit noch bereitete, in Milano Rad zu fahren, reizte es HD auf dem Fahrrad nicht mehr zu seiner Berufs- «klasse» zu gehören. Lassen wir das, sonst wird es zu verwickelt.

Sein «Schulweg», so nannte er es immer, führte ihn ein Stück lang durch den Parco Sempione und dann rechts über die Brücke der «Nord» (die Privatbahn, welche Milano mit den Seen im Norden verbindet). Auf der anderen Seite, unter den letzten Bäumen, versuchten reizvolle Damen ohne Unterlass ihrem Beruf nachzugehen, von dem man annehmen durfte, dass sie's nur abends täten. Es waren immer die gleichen, man kannte sich, und die relative Geschäftsruhe gestattete es, mit dem täglichen Radler Grussgesten des gegenseitigen Verständnisses auszutauschen.

Auch für das Mailänder Rad schlug die Stunde des Abschieds, jedoch nicht aufgrund eines Befehls, HD solle sich aus Rom entfernen, und weniger noch veranlasst durch ein Emigrieren, sondern dadurch, dass viele Jahre später eine leichtfertige, nicht dazu autorisierte Freundin das Rad «entlieh» und es im Anblick des Mittelmeers so provozierend unbewacht in die Sonne stellte, dass ein Dieb auf das Angebot einging.

Doch bevor sich diese Tragödie abspielte, sei hier noch rasch von einer der gelungensten Fahrten des dritten Fahrrads berichtet. Der Radler und seine Mitarbeiter waren einig darin, dass man die Gelegenheiten, die Gemeinsamkeiten tätig zu bestätigen, pflegen müsse – weil sonst das Leben zu grau würde – und so gab es unter anderem die Tradition, jedes Jahr eine Weihnachtsbescherung für die Kinder zu veranstalten. In den letzten Jahren fand diese in der Mensa (Kantine, sagt man wohl auf Deutsch) des ca. 100 m langen Lagers statt. Der Radler hatte sich ausgedacht, er könne als Weihnachtsmann verkleidet mit einem grossen Sack voller Geschenke am äussersten Ende des Lagerhauses um die Ecke biegen und langsam auf das dreistöckige Büro am Kopf zu radeln. So geschah's und je näher der Weihnachtsmann kam, um so lauter wurden die Begeisterungsschreie der Kinder, deren Gesichter die Fenster des ersten Stocks bis zum letzten Quadratzentimeter ausfüllten.

Der Weihnachtsmann war jedoch nicht nur «die Güte selbst», sondern in ihm stöberte auch ein sadistischer Teufel. Zwanzig Meter vor dem Haus drehte er plötzlich ab und schien Anstalten zu machen wieder fortzuradeln. Nicht mehr Freuden- nein, Entsetzensschreie der Kinder konnte man bis in den Hof vernehmen. Das rührte den Weihnachtsmann, liess ihn wieder umdrehen und sein Fahrrad, den ursprünglichen Weisungen folgend, zur Rampe fahren, wo er – nun wieder brav – seinen grossen Sack ablieferte.

März 1990

DES KAISERS GÜLDENES BESTECK

Anfang Oktober 1943 wurde dem Chronisten (HD) befohlen, wieder nach Rom zu gehen. Ein Auto war inzwischen zum einzigen Transportmittel geworden, und der Kampf um Reparaturen, Reifen und Benzin nahm nun einen Grossteil des Tages in Anspruch. So steht in HD's Taschenkalender am 9. Oktober: «Endlich Benzin», nachdem schon am 7. 10. «mit Nando Ferré gemeinsame Fahrt nach Rom beschlossen» gestanden hatte.

Kurzum, am 10. 10. fuhren sie über Pavia, wo Lebensmittel für römische Freunde zu laden waren, bis Pesaro zu einer Freundin von Ferré – HD, der natürlich leer ausging, notierte in seinem Kalender: «Bemühung gross, Resultat nicht ganz echt; wahre Beziehung zu Italien fehlt», so dass auf die Ausländerschaft der reizenden Frau geschlossen werden kann.

Am Tage nach der Ankunft in Rom nahm HD zum ersten Mal als «Vertreter der Chemie», der er gar nicht war, an einer RuK («Rüstung und Kriegsproduktion»)-Sitzung unter Vorsitz des Militärverwaltungsgenerals Becht teil. Dort, so auch in den gleichen Sitzungen der folgenden Monate, berichtete der General als erstes über den Zustand der Zufahrtsstrassen, welche am Vortage bombardiert und inzwischen von der Organisation TODT wieder benutzbar gemacht worden seien. Es wurde von der Absicht gesprochen, Rom gegebenenfalls seinen dem Vatikan von allen Kriegsteilnehmern zugesagten Status der «Offenen Stadt» zu nehmen, d.h. die Stadt gegen die näher rückenden Alliierten doch militärisch zu verteidigen. Da das mit zerstörten Zufahrtstrassen unmöglich sein würde, beschlossen Ferré und HD, die Nachrichten über den Zustand der Strassen jeweils am gleichen Tage «weiterzugeben». Zu diesem Behufe pflegte Ferré im Auto vor dem «Albergo Città» das Ende der RuK-Sitzungen abzuwarten, liess sich alsdann zu einer jeden Abend wechselnden Strassenecke nahe dem Vatikan fahren und verschwand im Dunkel, um nach wenigen Minuten stets höchst befriedigt zurückzukehren. Den General veranlasste dies in der nächsten Sitzung zu Bemerkungen über das verteufelt gute Spionagenetz der Gegner.

«Mission» erfüllt, meinten Ferré und HD, eine vorzügliche Pastasciutta des berühmten «*Alfredo*» verdient zu haben (es lebe der Schwarzmarkt!). Seinerzeit hatte es dem deutschen Kaiser bei «*Alfredo*» so gut geschmeckt, dass Wilhelm II. diesem zur Erinnerung ein goldenes Besteck (Löffel und Gabel) überreichen liess; solches zeigte der Beschenkte seither mit Stolz allen Gästen, so auch den eifrigen Freunden im Kriegswinter 1943/44.

Inzwischen bestand HD's Büro nur noch aus einem Zimmer beim «Arbeitseinsatz», und so war es ganz normal, dass er an einer Beratung darüber teilnahm, was zu geschehen habe, um einen Befehl aus Berlin auszuführen, alle italienischen Männer in Rom seien zusammenzutreiben und zwangsweise als Arbeiter für die Rüstungsindustrie ins Reich zu verfrachten.

Dies galt es zu vereiteln! HD meldete sich zum Wort und begann damit, die Weisheit dieses Befehls zu würdigen, gab aber zu bedenken, dass ausreichende Transportmittel wohl nicht vorhanden seien, dass die Strassen so viele Menschen zu Fuss (erst ab Chiusi funktionierte die Eisenbahn) zu fassen nicht in der Lage seien, dass es wohl nicht zu überwindende Schwierigkeiten für die Ernährung und für den Sanitätsdienst und nicht zuletzt beim polizeilichen Bewachen von Tausenden, die nichts anderes als Flucht im Kopf hätten, geben werde; man solle die Aktion deshalb auf wirklich Arbeitsfähige beschränken und, um diese ausfindig zu machen, müsse als erstes eine Volkszählung vorgenommen werden. Zunächst fielen alle empört über HD her, sein Vorschlag käme dem Nicht-Befolgen eines Führerbefehls gleich. Auf seine Frage, wie man die von ihm aufgezählten Schwierigkeiten zu überwinden gedenke, wusste niemand etwas Rechtes zu antworten; der Wortwechsel endete damit, dass HD – auch weil nur er Italienisch sprach – beauftragt wurde, dem römischen Einwohnermeldeamt den Befehl zur Volkszählung zu überbringen.

Das Meldeamt befand sich am Fuss des Aventino in einem kasernenartigen Gebäude im Rücken der Kirche S. Maria in Cosmedin, weltbekannt durch die «Bocca della Verità» in ihrem Portico. In einen grossen runden flachen Stein ähnlich einem Mühlstein ist ein Gesicht gemeisselt, dessen Mund die Merkwürdigkeit besitzen soll, die Hand eines Lügners nicht mehr freizugeben; alle scheinen nur die Wahrheit zu sagen, denn bisher weiss man von keiner Hand, die dort geblieben ist, und

Kurt Waldheim soll die seinige noch gerade rechtzeitig zurückgezogen haben.

Langsam, über die «Verità» sinnend, stieg HD zum dritten Stock hinauf, wo er vom Direktor des Meldeamts mit der den Deutschen damals «geschuldeten» Ehrerbietung empfangen wurde. Auf Wunsch seines Besuchers liess der Direktor seine wichtigsten Mitarbeiter kommen, deren Gesichter sich bei den ihnen erläuterten Weisungen der deutschen Militärverwaltung verfärbten und schliesslich nackte Verzweiflung ausdrückten. Die Durchführung einer Volkszählung sei vollkommen ausgeschlossen, es gäbe nichts mehr, keine zuverlässigen Zähler, kein Papier, nicht einmal eine Druckerei, welche die Vordrucke hätte drucken können. Nach einer halben Stunde zeigte sich HD resigniert, bat aber, den Direktor noch einen Augenblick allein zu sprechen. «Wir sind allein, ohne Zeugen, Sie können mich nicht anzeigen und ich Sie nicht. Verstanden, worum es geht, haben Sie überhaupt nicht. Eine auch nur fiktiv in Gang gesetzte Volkszählung soll sonst unvermeidbare Leiden unzähliger Ihrer römischen Landsleute verhindern. Je länger diese Volkszählung dauert, je besser, inzwischen wird kein Mann fortgeschleppt und spätestens in drei Monaten sind die Alliierten hier!» Der Direktor erbleichte, errötete, erbleichte wieder, dann stammelte er einige entschuldigende Worte und stand auf; er reichte HD die Hand und versprach, fast feierlich, sein Möglichstes tun zu wollen. In der Tat «zählte» man noch, als die Alliierten die Stadt besetzten, übrigens mit zwei Monaten Verspätung gegenüber HD's Voraussage.

Zufrieden mit sich selbst, verliess HD das Meldeamt, nicht ahnend, dass es für ihn ein gefährliches, echt nazistisches Nachspiel geben sollte. Am Tag darauf wurde er zusammen mit dem Leiter des «Arbeitseinsatzes» zu Konsul Möllhausen, damals der mit Sondervollmachten versehene Vertreter des deutschen Botschafters in Salò, gerufen, der ihn ohne Umschweife der Sabotage beschuldigte; den Fall werde er jetzt der SS übergeben. HD verbarg mit Mühe seine Wut und antwortete: «Sie kommen dann gleich mit, denn Sie sind verdächtigt, mittels Ihres Bestehens auf den generellen Männerfang die Stadt in ein Chaos verwandeln zu wollen, so dass jede militärische Bewegung unmöglich wird.» Möllhausen stockte erstaunt und, nachdem der Arbeitseinsatzleiter auch noch versichert hatte, HD sei ein ausgezeichneter, nur den Sieg im Auge habender Volksgenosse, bestand der Herr Generalkonsul nicht weiter auf seiner Drohung. – Nach dem Krieg hat der gleiche Möllhausen behauptet, er habe in Rom den Partisanen geholfen!!

Einige Tage später kam ein Mann zum «Arbeitseinsatz», bot eine «kriegsentscheidende chemische Erfindung» an und wurde damit zu HD, dem «Vertreter der Chemie», geschickt. Auf die Frage: «Sind Sie eigentlich Italiener oder ein deutscher Nazi (er konnte kein Wort Deutsch!)?» stotterte er empört die Versicherung Italiener zu sein. «Dann ist es Ihre patriotische Pflicht, die Deutschen den Krieg ohne Ihre Hilfe verlieren zu lassen!» Verblüfft wechselte auch er mehrmals die Farbe, stammelte etwas Unverständliches, überliess HD kommentarlos sein Elaborat und verstört verabschiedete er sich wortlos. Am nächsten Morgen wurde HD zum Dienststellenleiter gerufen, wo er einen streng blickenden höheren SS-Offizier vorfand. «Haben Sie gestern dem Erfinder "das" gesagt?» «Gewiss habe ich das getan; ich hielt den Mann für einen Betrüger und wollte ihn provozieren. Nach Berlin habe ich trotzdem gleich berichtet.» Für einen SS-Mann war das Ganze so ungewöhnlich, ja unheimlich, dass er nichts zu erwidern wusste und ihm nichts anderes blieb, als befriedigt HD zu «entlassen»!

Die Bürogemeinschaft mit dem «Arbeitseinsatz» hatte auch Vorteile, gestattete sie doch, sich behördlicher Formulare und Stempel zu bemächtigen, zur Ausstellung von Bestätigungen, Passierscheinen und dergleichen für in Bedrängnis geratene italienische Gesinnungsgenossen. So lernte HD auch Oberst Montezemolo kennen, einen der Köpfe von «Giustizia e Libertà», der Ende März 1944 mit anderen 330 Geiseln in den Fosse Ardeatine erschossen wurde. Anfang 1944 liess Montezemolo seine Mailänder Mitstreiter wissen: «HD könnt Ihr trauen wie einem von uns»! Nie wieder war dieser so stolz auf ein Anerkenntnis!

Unter anderem hatte HD den Ingenieur Parodi wissen lassen, die SS suche ihn, und so verschwand dieser erfolgreich. Die SS hatte ganz recht; Parodi hatte, wie General Becht in der RuK-Runde mitteilte, etwas Ausgezeichnetes zum Nichtbefolgen eines Befehls getan: weisungsgemäss hatte er aus seinem grossen Rüstungsbetrieb in Colleferro alle die Deutschen interessierenden Maschinen auf einen langen Güterzug zum Abtransport nach Deutschland laden, diesen im ersten Tunnel anhalten und die beiden Tunneleingänge gründlichst sprengen lassen! Angeblich um den Zug vor Fliegerangriffen zu schützen. Ein höchst minderer, italienischer Bekannter nahm daraufhin HD beiseite und fragte ihn, was er für diese Warnung haben wolle. Mit «Gehen Sie zum Teufel» verliess HD angewidert die Runde.

Anfang Dezember kam die Weisung aus Berlin: Umzug nach Verona noch vor Weihnachten zusammen mit dem «Arbeitseinsatz»; beide Berliner Zentralstellen hatten schliesslich eingesehen, dass sie aus Rom nichts (keine Arbeiter) mehr erwarten konnten.

Jedoch am 10.12.1943 sollte sich noch etwas Dramatisches, wenn auch leider ohne Ergebnis, ereignen. Der «GB-Arbeitseinsatz» Sauckel kam nach Rom, zu welchem Zweck konnte man nicht erfahren. Dieser für das Elend und eine Unzahl von Toten in den deutschen Arbeitslagern Verantwortliche hing 1943 noch nicht an dem ihm gebührenden Nürnberger Galgen (1946), sondern wurde von seinen Leuten mit allen einem Erznazi-Boss gebührenden Ehren empfangen. Es war Pflicht und hohe Ehre für den «Arbeitseinsatz-Rom» ein feierliches Abendessen und, für die Partisanen, unterstützt von HD, die Gefangennahme und, wenn's nicht anders ging, die Tötung des Verbrechers zu organisieren. HD gelang es, von beiden Seiten beauftragt zu werden.

Als «Richtstätte» wurde das Restaurant «SS.Apostoli» am gleichnamigen Platz gewählt. Ferré hatte es übernommen, die Partisanen zu mobilisieren; er und HD beschlossen nach eingehender Ortsbesichtigung die einzelnen Phasen des Vorgehens, so dass am Abend alles planmässig zu verlaufen schien. Man hörte gegen 20 Uhr ein leichtes Bremsgeräusch von der Strasse, die Tür flog auf und aus dem Dunkel erschien unser «Held». Die zwanzig Eingeladenen traten zum Händeschütteln an, als letzter HD, weil er doch eigentlich gar nicht dazugehörte. Es gelang ihm seines Widerwillens Herr zu werden, gewiss, dass diese Hand binnen kurzem die eines Gefangenen oder die eines Toten sein werde.

Die Festtafel war am Ende des Restaurants in einem abgetrennten Raum gerichtet. Dieser hatte drei Eingänge, einen in der Mitte, durch den serviert wurde, und zwei weitere mit Paravants gegen jede Sicht verschlossene. Hinter dem nächst der Strasse sollte sich das Partisanenkommando sammeln und gegebenenfalls von dem dort sitzenden HD Weisungen erhalten, falls Sauckel sich nicht in die Mitte der Tafel gesetzt hätte.

Man nahm Platz, und HD war es nun doch ein wenig unheimlich, genau in der Schusslinie zu sitzen, aber auch dies ging im Vorgefühl des Triumphes unter dazu beizutragen, einen der grössten NS-Verbrecher zu beseitigen oder durch seine Gefangennahme das Leben vieler Partisanen zu retten.

Die Speisenfolge war reichlich – im «Reich» hungerte man bereits – und so ging der erste, der zweite und der dritte Gang vorbei, ohne dass sich irgendetwas rührte, ausser der dem Alkohol zu verdankenden Lärmzunahme! HD hatte inzwischen seine sich selbst auferlegte Ruhe verbraucht, es überkam ihn nun Angst und Scham; die erstere war überflüssig, denn es konnte kaum noch etwas geschehen, aber die zweite war nur zu berechtigt. Den Partisanen, denen Ferré und HD die Möglichkeit zu einer für ihren und den deutschen Widerstand so wichtigen Aktion sozusagen auf einem Tablett serviert hatten, war es nicht gelungen untereinander einig zu werden, wer die Ausführung der Aktion übernehmen sollte!!

«Was hat das alles mit des Kaisers goldenem Besteck zu tun?» In den inhaltsschweren Tagen des letzten Vierteljahrs 1943 waren eingestreute Erheiterungen eine Notwendigkeit, und so spielte *Alfredo* mit seinen güldenen Gehilfen eine wichtige Rolle. Am 14.12.1943 steht in HD's Taschenkalender: «abends mit Ferré bei "*Alfredo*"» und am 15.12.: «Abfahrt aus Rom», das HD erst im Dezember 1946 wiedersehen sollte.

März 1990

«AUGUSTA» UND «TOPOLINO»

So hiessen zwei 1944/45 ebenso geschätzte wie unentbehrliche von Lancia und Fiat fabrizierte automobile Fortbewegungsmittel, die im täglichen Leben des Chronisten (HD) eine so ausschlaggebende Rolle – beim nicht zu umgehenden Gehorchen und beim ge- und misslungenen Widerstand – gespielt haben, dass man ihnen das Recht auf die Titelwürde für das bunte Geschehen in dieser Zeitspanne nicht absprechen kann.

Leider geht heute oft mehr Beweiskraft von der Quantität als von der Qualität aus, und so glaubt HD sich für die mobile Überschrift auch durch die Anzahl seiner Orts- und Bettwechsel in den letzten 16 Kriegsmonaten rechtfertigen zu sollen. Zu diesem Behufe machte er sich ans Zählen in seinen Taschenkalendern und war selbst erstaunt, als er 202 Ortswechsel von je wenigstens 50 km feststellte, seine nächtliche Liegestatt wechselte er 96 mal.

Nach den letzten ereignisreichen vier Monaten des Jahres 1943 (siehe *Fahrräder* und *Des Kaisers goldenes Besteck*) befand sich HD's Dienststelle im ersten Halbjahr 1944 in Verona und, wie zuletzt in Rom, als «Untermieter» des NS-Arbeitseinsatzes.

Seine Tätigkeit, sein tägliches Bemühen galt von nun an einzig dem Bestreben, jedwedes dem NS-Krieg Förderliches zu vermeiden. Später hat man ihn nicht selten gefragt, wie das für ihn nach Italiens «Verrat» denn gewesen sei, worauf er am 10.4.1974 die schriftliche

Antwort gab: «Kommt einer Beichte gleich, denn nichts wäre irreführender, weil der damaligen Realität nicht entsprechend, wollte man sich mittels Erzählens einiger Episoden einen heroischen Anstrich geben.»

«Als erstes wollten wir nicht eingezogen werden, wenn möglich gut essen und sauber und geheizt wohnen, ja sogar lieben, das alles in einer unheimlichen Atmosphäre voll Unsicherheiten und Ängsten, gepaart mit der Hoffnung, das für sich selbst mühsam zurückgedrängte Chaos möge doch ja zunehmen, denn es allein werde Hitlers Ende herbeiführen können. Da, wo wir gewisse Risiken auf uns nahmen, um die einen zu schützen, den anderen zu schaden, empfanden wir eine innere Befriedigung. 1946, als ein Freund in einem Vortrag von dem vielen den Nazigegnern in den letzten Kriegsmonaten angetanen Unrecht – die Amerikaner setzten es auf ihre Art durch Bevorzugen alter Nazis fort – sprechen wollte, ermahnte ich ihn, nicht zu vergessen, wie häufig und wie gut wir uns dabei unterhalten haben: ohne "leichtfertiges" Lachen hätten wir doch gar nicht überlebt. Man könne es vergleichen mit der Vergnügtheit, die viele Menschen bei einem Begräbnis, auch eines sehr geliebten Toten, befällt!»

«Auskämmen»

Seine Berliner Behörde wollte, dass HD weiter für den reibungslosen Fortgang der Zusammenarbeit mit den italienischen Baufirmen sorge und sicher nicht, wie er es ab 8.September 1943 – italienischer Waffenstillstand – tat, mit seinen Gesprächspartnern Wege suche, wie man möglichst viele der italienischen Arbeiter nach Hause entkommen lassen könnte. Man erhoffte sich von ihm auch die Beschaffung von Zwangsarbeitern, ähnlich wie es ihm sein Oberstleutnant in der zweiten Hälfte September vorgemacht hatte. Dieser, unter Ausnützung seines militärischen Rangs, hatte erreicht, dass man ihn mehrere italienische und ein englisches Gefangenenlager «auskämmen» liess. Unter «Auskämmen» verstand man die Befragung der einzelnen Gefangenen nach Zivilberuf, Alter und Gesundheitszustand; schien das Ergebnis positiv, so wurden die Betroffenen als Fach- oder Hilfsarbeiter zur Arbeit auf den oberschlesischen Baustellen «ausgesondert» und in speziellen Transporten dorthin «verladen». HD, dienstverpflichteter Fahrer und Dolmetscher, konnte nicht vermeiden, dass sich der Vorgesetzte seiner Sprachkenntnisse beim «Auskämmen» bediente. Er tröstete sich damit, er sei für die Befragten vielleicht ein wenig besser als einer ohne Unrechtsbewusstsein; in diesem Sinne versuchte er ihnen Mut zuzusprechen, es sei doch vorzuziehen, im eigenen Fach zu arbeiten anstatt in irgendeinem Gefangenenlager wohlmöglich langsam zugrundezugehen. Er war überzeugt, von zwei Übeln das kleinere zu empfehlen, aber schlecht zumute war's ihm dabei doch, denn er konnte nicht anders als beim «der eine nach links, der andere nach rechts» an die Rampe in Auschwitz denken.

Nach dem «Auskämmen» der Italiener-Lager in Mantova, Modena und Carpi – Ergebnis: über 200

«Bauarbeiter»! – beschloss der Oberstleutnant, es auch in Fiume zu versuchen, und liess sich zusammen mit HD am 20.9. in einem «Ju 52»-Wasserflugzeug der Luftwaffe von Venedig nach Fiume fliegen. Im Taschenkalender 1943 steht «schöner Flug»; HD erinnert jedoch nur einen auf einem Haufen Decken hingestreckten flugkranken Oberstleutnant, in einer vollkommen leeren Transportmaschine ohne Sitze, mit ungedämpftem Krach der Motoren; alles dies, besonders der angeschlagene Vorgesetzte, machten ihm Spass. Vom Hafen aus fuhr man direkt nach Abazia zum Hotel der Familie Hübner, den Besitzern des bekannten Schönbrunner Hotels in Wien, begleitet vom Sohn, der beim Stadtkommandanten in Venedig Dienst tat. Am nächsten Tag gelang es dem Oberstleutnant noch einmal mehr als 200 Bauarbeiter zu «erkämmen», dolmetschen tat diesmal jedoch der junge Hübner.

Heftigster Regen verhinderte den Rückflug am selben Tag. Wieder gab's eine Genugtuung für HD: Nach dem «Auskämmen», auf der Rückfahrt von Fiume nach Abazia beschossen Partisanen das Auto, mit drinnen einem vor Angst zitternden Oberstleutnant, der am nächsten Tag wieder um sein Leben bangte, als das Motorboot, das ihn zum Flugzeug bringen sollte, wegen Überbelastung Wasser zu schlucken drohte. Schliesslich bestieg als letzter ein toter, in eine Zeltplane gehüllter General das übervolle Flugzeug und wurde im Gang zwischen die Sitzreihen unmittelbar neben HD niedergelegt; auch er kam gut in Venedig an und durfte als erster aussteigen. Man denke nicht, HD sei schrecklich mutig gewesen, nur der Glaube an die ohnehin vorprogrammierten Schicksale überliess auch in diesem Falle seiner Schadenfreude heiter den Vortritt!

Gespräch mit Krauch

Damit hatte die Aktion Gefangene/Zwangsarbeiter vorerst ihr Ende; alle anderen Bemühungen des Oberstleutnants, «freie» Italiener für die Arbeitsaufnahme in Deutschland zu begeistern, führten erwartungsgemäss zu nichts. Dies entsprach dem, was HD mit wieder einmal sträflich leichtfertiger Offenheit seinem höchsten Vorgesetzten am 17.9.1943 vor der Abreise aus Berlin erklärt hatte. Prof. Krauch wünschte über die Lage in Italien nach dem Waffenstillstand von einem «Kenner des Landes» informiert zu werden. HD – ohne auf die möglichen Folgen für ihn und seine «UK-Stellung» zu achten – hatte reinen Wein eingeschenkt: Norditalien bedarf in allem der Hilfe Deutschlands, allein ist es weder ökonomisch noch «moralisch» als «Verbündeter» lebensfähig! Bei «Freiwilligen», d.h. solchen, die gewillt seien in Deutschland zu arbeiten, könne es sich nur noch um Unterschlupf suchende Kriminelle oder um Faschisten mit Dreck am Stecken handeln. Die Auskunft missfiel Krauch sichtlich, und abrupt brach er das Gespräch ab. Als HD nach Überwindung von vier Stockwerken das Vorzimmer des Oberstleutnants betrat, hörte er die Sekretärin etwas verblüfft ins Telefon sprechen: «Gut, ich werde es ausrichten» und zu HD gewandt: «Das war die Sekretärin von Krauch: der Professor will den Deichmann nicht wieder sehen!»

SS und fehlender Absender

Eine ebenso intelligente wie törichte, im Widerstand sehr aktive Mailänderin hatte auf dem Umschlag eines Briefs an HD nach Verona, mit der Ankündigung des Kommens einer Freundin, vergessen, den damals obligatorischen Absender anzugeben (oder zu erfinden). Der Brief wurde von der SS-Zensur geöffnet, nun sollte der Adressat verhört werden. In Anwesenheit des Arbeitseinsatzleiters fragte ihn ein SS-Offizier, wer die Absenderin des, im Grunde geschickt verfassten, «liebevollen» Briefs sei. Ja, das wisse er, aber «meine Herren, haben Sie jemals den Namen einer schönen Frau preisgegeben, die Sie in ihr Bett genommen hat?!» Schmierigmännliches Gelächter ertönte, und das Verhör war vorbei.

Wasserwehr der Etsch

Auch unter den Faschisten in Salò, wo der deutsche SS-Botschafter Wolff mit seinem zahlreichen Stab (am 31.1.44 steht im Taschenkalender «alle Idioten von der Botschaft in Rom wieder da») über Mussolini, seine Geliebte und seine machtlose Regierung herrschte, gab es einige ordentliche Leute. Einer von ihnen war der Arbeitsminister Marchiandi, der sich, als es zu Ende war, das Leben nahm. Marchiandi versuchte manches, um Zwangsrekrutierungen von Arbeitern zu verhindern; HD begegnete ihm mehrmals, fast ausschliesslich als Dolmetscher. Und so geschah es auch am 22.3. anlässlich einer 3½ stündigen Sitzung beim Staatssekretär Landfried in Verona, dem Haupt der deutschen Militärverwaltung Venetiens. Um was es bei der Begenung mit dem Mister ging, ist vergessen, nicht aber, dass HD versuchte, diesem durch zum Teil geschöntes Dometschen zu helfen, und dass das Gespräch eines Augenblicks durch eine heftige Detonation unterbrochen wurde, ohne dass ihr ein Alarm vorausgegangen war. Erregt sprangen die Versammelten auf und sahen einander ratlos an. HD's Blick ging rechtzeitig zum Fenster hinaus, um eine riesige Wasserwoge vorbeibrausen zu sehen und die anderen darauf aufmerksam zu machen. Jemand, der etwas davon verstand, sagte: eine Bombe habe gewiss das Wehr der Etsch oberhalb von Verona getroffen, mit dem ein Grossteil des Flusswassers für Bewässerungszwecke abgeleitet werde. Wieder war es für HD schwer, seine Zufriedenheit zu verbergen.

* * *

General Leyers: nur aus Kölle!

Auch in Milano wurde HD manchmal zu RuK-Sitzungen befohlen. Solche fanden am 14. und 15. April 1944 in Como statt, wo zweierlei erinnerungswürdig geblieben ist. Zur Übernachtung wurde er im Hotel Metropol in das Zimmer eines vorübergehend Abwesenden eingewiesen und entdeckte, dass dort gewöhnlich Dr. Fritz ter Meer hauste; in seiner Eigenschaft als Vorsitzender des technischen Ausschusses der IG Farben war ter Meer Miglied ihres siebenköpfigen Zentralausschusses, und so konnte sich niemand erklären, warum er sich 1944 auf den zweitklassigen Posten bei RuK in Milano abgesetzt hatte. Als HD das Zimmer betrat, war die Stadt schon «verdunkelt», so dass er nur tastend versuchen durfte, zu einem Fenster in der Veranda zu gelangen; plötzlich stiessen seine Füsse auf umfallende, leere Flaschen; am Morgen entdeckte er, dass der ganze Boden dort voller deutscher Weissweinflaschen war. Augenscheinlich muss ter Meer unter schweren Depressionen gelitten haben, wenn er sich zu ihrer Bekämpfung Wein aus dem zerbombten Deutschland ins Weinland Italien hatte kommen lassen... ohne am «Endsieg» zu zweifeln.

Während der Sitzung zeigte General Leyers plötzlich auf den am Tischende sitzenden HD: «Was sagt der Herr dort von der SS dazu?» «Ich bin nicht von der SS, Herr General, und habe zu der Frage nichts zu sagen.» Am Abend nach dem Abendessen empfing Leyers die Teilnehmer in seiner Villa zu einem Umtrunk. Wie stets bei solchen Gelegenheiten wurde viel getrunken, HD nicht ausgenommen. Als dieser bei der Abschiedsrunde «drankam», sagte er: «Herr General, vielen Dank für den schönen Abend, auch wenn Sie mich heute Nachmittag schwer beleidigt haben, ich bin nämlich nicht von der SS, sondern nur aus Köln wie Sie!» Der General lachte laut auf, schlug sich auf den Schenkel wie Hitler in Compiegne und rief seinem neben ihm stehenden Adjutanten zu: «Haste jehört, wat der gesecht het: er ist nich von der SS, sondern wie ich nur aus Kölle!» Begleittet vom anhaltenden Lachen der beiden verliess HD den Saal, wieder einmal bestärkt in seinem Glauben an die Kölner.

Alltägliches

Im Frühjahr 1944 war die Leitung der Diensstelle Italien auf den Nazi-Bürovorsteher aus Berlin – nennen wir ihn Hardteck – übergegangen, aber HD als «Faktotum» (Telefonist, Dolmetscher, Beschaffer, Bote, Fahrer) beibehalten worden. Für ihn war dieser «Unterschlupf» (für die wahre «kriegswichtige» Arbeit hatte er sich ja als ungeeignet erwiesen) von grösstem Wert, nicht nur als Schutz vor dem Soldat-Werden, sondern auch weil er weiter über die Mittel für seine zahlreichen kleineren und grösseren Hilfs- und Sabotage-Aktionen verfügen konnte: Autorität einer «NS-Diensstelle» mit Telefon, Auto, Ausweisen... und sich selbst.

Seine Freunde de Finetti wohnten in der zentralen Via Gesù; der offizielle Eingang zu ihrer fast ganz von Bomben zerstörten Wohnung befand sich aber noch im Hof von Nr.8, während es in Nr.6 einen zweiten, Dritten unbekannten Eingang durch einen kleinen, ursprünglich nur für Personal und Lieferanten bestimmten Hof gab. So suchte die Polizei mehrmals in Nr.8 Verdächtige, und, während de Finetti mit der ihm eigenen Sicherheit hinhaltenden Wirrwar stiftete, verschwanden die Gesuchten durch Nr.6, oft gerettet durch HD mit seinem Dienstauto.

De Finettis Schwager Hauss, ein in Italien lebender US-Bürger, war zu einer Partisanengruppe in Piemont gegangen und zusammen mit einigen von ihnen gefangen genommen worden; seine Angehörigen fürchteten nun für sein Leben. Plötzlich erfuhr man, er sei ins KZ-Lager von Bozen verbracht worden. HD begleitete die italienische Frau Hauss zur zuständigen SS-Stelle in Verona und erbat für sie eine Besuchserlaubnis, die erwartungsgemäss verweigert wurde, worauf er seine Bitte in einem Brief an den Leiter des Bozener KZs wiederholte und diesen durch Frau Hauss, versehen mit einem Ausweis von HD's Dienststelle für die Benutzung des Schnellzugs nach Bozen, überreichen liess; die Sprecherlaubnis bekam sie nicht, aber Kleidungsstücke und Nahrungsmittel erreichten den Internierten. Alles verlief erwartungsgemäss, übrig blieb nur die Verwunderung darüber, dass sich weder die SS in Verona noch die in Bozen für den merkwürdigen Deutschen interessiert haben, der sich offen, ja sogar schriftlich für einen amerikanischen Partisanen einsetzte. Es war wohl wieder ein Fall der schon mehrmals gemachten Erfahrung, dass etwas so Ungewöhnliches keinen Platz in den Terrorkategorien der Nazis fand.

Am 30.3.44 musste HD seinen Oberstleutnant im Auto nach Salzburg fahren und den nächsten Tag einen Auftrag in München ausführen. Als solches nicht erwähnenswert, wohl aber die ungewöhnliche Eintragung in HD's Taschenkalender vom 31.März: «5 Uhr ab Salzburg, 25 cm Neuschnee, Autobahn bis München 5 Stunden, zweimal festgefahren, Lastwagen auf mich draufgefahren. 10h München: Landwirtschaftsamt: Oberst Weigl, Ratjen. Reparatur Schlusslicht. 12.45 ab München, 15h Stuttgart, Schneesturm, Scheibenwischer kaputt. Endlich Ebene, bis Darmstadt alles glatt. Vergaser gereinigt. Um Frankfurt herum gefahren, Westend ganz zerstört. 18.30 zu Hause alles gesund. Theo, Küsel, Meise [Frankfurter Freunde]. Man spricht und denkt nur an Fliegerangriffe. «Wieso es HD gelungen war, mit dem Dienstauto nach Hause zu fahren und dafür mehr als 150 Liter Benzin zu erhalten, entzieht sich der Erinnerung!

Am nächsten Tag besuchte HD seinen im Frankfurter Westend ausgebombten Onkel, Nr. 1 der IG Farben in Frankfurt («Betriebsführer» nannten das die Nazis), in dessen Oberurseler «Notquartier», der geräumigen Villa seines pensionierten Vorstandskollegen Selck. Die zahlreichen Hausbewohner taten so, als ginge alles seinen normalen Gang, so dass HD sich eigentlich nicht hätte wundern sollen, als der Onkel ihn beiseite nahm, um ihn in seine Personalideen für die Nachkriegszeit einzuweihen: er und sein direkter Mitarbeiter hätten vorgesehen, HD die Leitung des Verkaufs in den «Balkanländern» zu übertragen. Kaum hatten HD und seine Frau das Haus verlassen, hielten sie entsetzt an: «Was mag nur in diesen Menschen vorgehen?! Allem Geschehen um sie herum verweigern sie den Eintritt in ihr Bewusstsein!» Wie vorausgesehen, gab es sechs Wochen später nichts mehr von den Nazi-beherrschten «Balkan-Verkaufs-Ländern»!!

Die Tage verliefen mit einer Vielzahl von Hardtecks

Geschäften, von denen zwei erheiternd waren. Im November 1944 hatte er 500 kg Salz – damals kostbarer als Gold – an sich gebracht. Wo das Salz bis zu seiner Verwendung – Auslösen von jemanden aus den Händen der Partisanen – sicher aufbewahren? HD wurde zu Rate gezogen: «Im Lager der IG Farben-Filiale! Aber damit Stillschweigen gewährleistet wird, muss jeder der Angestellten (ca.100) ein Kilo Salz bekommen!» Auf diesen Vorschlag gingen beide Seiten ein, und HD's Ansehen unter seinen früheren Arbeitsgenossen wuchs ins Unermessliche!

Noch im April 1945 (!) hatte Hardteck eine ähnliche Sorge: wo 450 Liter Benzin lagern? Wieder vermittelte HD die Bereitschaft der IG Filiale zur Unterbringung in ihrem Lager in Affori, einem Vorort von Mailand, ein alter Bauernhof in freiem Feld. Alle Beteiligten waren höchst zufrieden, besonders HD, der das Benzin drei Tage später unter Vorhalten einer Kinderpistole vom alten, furchtsamen Lageristen den Partisanen von «Giustizia e Libertà» aushändigen liess. Der Direktor, dem dies kurz nach Kriegsende triumphal «gebeichtet» wurde, war dessen gar nicht zufrieden: so etwas tue man nicht. Er war alles andere als ein Faschist, aber ein Beispiel für die grenzenlose Verwirrung der Gemüter auf allen Seiten!

Missglücktes Attentat

Nun hatte Hardteck schon einige Monate lang den «untüchtigen» und nicht recht vertrauenswürdigen HD als Leiter der Dienststelle ersetzt, aber auch nichts erreicht, das heisst keine zusätzlichen Arbeiter für Oberschlesien gefunden. Es hiesse, so sagte er, in Bologna könne man noch Männer zusammentreiben, und so beschloss er dorthin eine Autoreise zu unternehmen. RuK-Como stellte ihm einen Dienstwagen mit Fahrer zur Verfügung. HD und seine Freunde beschlossen, das Vorhaben mit allen Mitteln zu verhindern und die Gelegenheit zu nutzen, um einen so gearteten Erznazi kidnappen oder notfalls auslöschen zu lassen. Als Gefangener hätte er wertvolle Dienste zur Befreiung vieler Partisanen leisten können. An diese gingen entsprechende Weisungen nach Bologna und an die Durchfahrtsorte. Ihrer Dinge sicher, «feierten» die Konspirierer die Abfahrt! Zwei Tage lang warteten beide Seiten gespannt auf Nachricht und... am dritten Tag stand der «Verschollene» plötzlich im Büro, wie vorausgesehen ohne irgend etwas erreicht zu haben. Kaum hatte er den Raum betreten, ging das Telefon. HD hörte: «Wirklich, man wollte mich lebendig oder tot fangen? Die Feldpolizei hatte den Befehl, mich zu meinem Schutz festzunehmen?» Dann stürzte er zu HD, dem es inzwischen heiss und kalt geworden war, und fragte: «Wie halten Sie es für möglich, dass die Partisanen alles hatten: meinen Namen, die Reiseroute, den Reisezweck, das Fahrzeug mit Nummernschild?» Nach einem Augenblick des Zögerns erwiderte HD: «Sie glauben doch nicht etwa, dass es in der RuK-Garage in Como keine Partisanen gibt?!» Die Wahrscheinlichkeit sprach dafür; aber für Hardteck war die NS-Welt um ein Weiteres aus den

Fugen geraten; resignierte beruhigte er sich schliesslich. De Finetti, der das Ganze koordiniert hatte, beruhigte seinerseits HD: Die Weisungen seien auf einem Notizblatt, je eine Hälfte im Schuh einer anderen Person nach Bologna gelangt, mithin auf absolut sichere Weise, aber dort habe man in der Gruppe einen Spion entdeckt.

Fliegeralarm vor Bozen

Im Herbst 1944 gelang Hardteck der grosse Coup: stolz teilte er dem Büro mit, man habe ihm über 500 Arbeiter (teils «Freiwillige», teils «Festgenommene») zugewiesen, die er binnen zwei Tagen in einem Extrazug nach Oberschlesien schicken werde. Wie konnte man das verhindern?! Der Zug sollte aus normalen Personenwagen bestehen, die jedoch der Natur ihrer Fracht entsprechend von aussen fest verriegelt würden. Sofort gab HD die Nachricht an seine italienischen Freunde weiter, und erhielt nach wenigen Stunden die «Weisung», einem «Freiwilligen», der sich zu diesem Behufe zusätzlich als Arbeitswilliger bei den deutschen Stellen melden würde, mit einer grossen Tasche voller Brechwerkzeuge beim Besteigen des Zugs «behilflich» zu sein.

Der Zug wurde auf einem Mailänder Güterbahnhof, dort wo sich heute die Stazione Garibaldi befindet, zusammengestellt, was es nicht einfacher machte, die Kontrolle zu überspielen. Aber es gelang; mit vielem Händeschütteln und Wünschen zu gedeihlicher Arbeit in Deutschland half HD dem «ihm befreundeten»

Arbeitswilligen, der ihm erst kurz vorher im Dunkeln vor dem Bahnhofseingang anvertraut worden war (es hätte ja auch ein Spion sein können!) in sein Abteil und, bis sich der gut verriegelte Zug in Bewegung setzte, blieb HD zur Sicherheit dort.

Am nächsten Morgen telefonierte Hardteck triumphierend seine Vollzugsmeldung nach Berlin und sparte auch im Büro nicht mit seiner Überlegenheit gegenüber dem erfolglosen Vorgänger. Jedoch, das war verfrüht. Die Enttäuschung kam am Nachmittag mit der Nachricht, der Zug sei wegen Luftalarms zwischen Trento und Bolzano angehalten worden, die Wachen seien in Deckung und das Brechwerkzeug in Funktion gegangen; in Bolzano seien nicht einmal 200 Mann angekommen!

Weihnachtsgabe für Krauchs Sohn

Das Weihnachtsfest 1944 war näher gerückt, und da hatte auch im Krieg ein Vater das ganz normale Bedürfnis, seinem Sohn ein kleines Angebinde zukommen zu lassen, wo immer er sich auch aufhalte. Der Vater war der sich auch hier – nicht nur beim Holocaust in Auschwitz – durch einen Mangel an Vorstellungskraft auszeichnende, dem Leser schon bekannte Prof. Krauch, HD's höchster Vorgesetzter. Zur Befriedigung seiner väterlichen Weihnachtsbedürfnisse wandte sich dieser natürlich nicht an HD, sondern an den Oberstleutnant. Ihn bat er, seine Schwarzmarkteinkäufe für 48 Stunden hintanzustellen und dem jungen Hauptmann Krauch an der Front im Appennin östlich oberhalb Bolognas ein kleines Päckchen zu überbringen. Zu diesem Behufe erhielt «*Augusta*», mit Wehrmachtsbenzin ausgestattet, den Auftrag, den inzwischen leicht erkrankten Oberstleutnant und den «fahrenden» HD von Verona nach Bologna zu bringen. Von dort, mit entsprechenden Geleitpapieren und einem Geleitlandsturmmann versehen, fuhr man bei strahlendem Vollmond in anderthalb Stunden das angegebene Tal hinauf zur Frontstellung des jungen Krauch. «*Augusta*» war geschickt im Vermeiden von Bombenlöchern und Pferdekadavern – ein wundersamer vom Mond liebkoster grosser Schimmel bleibt unvergessen –, vermied auch ein mit seinem Schatten vorbeieilendes, feindliches Aufklärungsflugzeug und gelangte schliesslich zum Ziel, wo nicht geschossen wurde. Der Landsturmmann und HD hielten sich diskret beiseite, sie wussten nicht einmal, was das Päckchen enthielt, und auch ein Händedruck des Dankes gelangte nicht bis zu ihnen.

Die Rückfahrt, durch eine «*Augusta*» nun bereits familiäre Strasse, sparte mit Schwierigkeiten, so dass Zeit genug war, um in Bologna zur Kommandatur zu eilen und ein wehrmachtswichtiges Ferngespräch mit Papa Krauch in Berlin zu führen («drei Menschen und ein Auto für ein Weihnachtspaket in Lebensgefahr bringen, habe sich gelohnt»). Das Offiziersheim beherbergte die Reisenden alarmlos.

«Berliner Waggon»

Am 2.12.44 steht im Taschenkalender: «Milano: Berliner Waggon abgegangen» («Berlin», d.h. für das Büro des GB Chem). Wer nun glaubt, dieser Waggon habe kriegsentscheidende chemische Kostbarkeiten enthalten, geht fehl; der Inhalt bestand ausschliesslich aus Schwarzmarktware, vom Kognak, über Wein, Öl, Mehl, Zucker, Kaffee, Schuhe bis zu Slips für Damen und für Herren. Am 7.12.44 wurde dem Oberstleutnant, auf dass er unauffindbare Bauarbeiter vergesse, von den italienischen Baufirmen eine Uhr überreicht.

Wie schon so oft, unterstützt von seinem Taschenkalender, erinnert HD genau, was in den nächsten Tagen geschah: Vorbereitung der Abfahrt des Oberstleutnants, der zusammen mit dem Waggon, der eigentlichen Frucht seiner «Arbeit» in Italien, in Berlin ankommen wollte, um der ungerechten Verteilung der Schätze unter die GB-Chem-Mitarbeiter sicher vorstehen zu können. Für den Abfahrt-Willigen wurde «*Augusta*» mit ihm, seiner Sekretärin (der Honigmond war zu Ende) und weiteren 300 kg Schwarzmarkt beladen. Es war fürwahr ein stabiles Auto, was aber nicht hindern konnte, dass es im Kalender heisst: «8.12. hinter Arco Zündspule geborsten, nach Trento abgeschleppt ... *auf 3 Beinen* bei furchtbarer Strasse nach Brixen. 9.12. 7 Uhr Werkstatt: neue Kerzen, Schneeketten, 9.45 ab Brixen, Alarm bis 13.30; 14.10 ab Bahnhof Innsbruck...»

Krauchs Vorschlag an Kesselring

Beinahe hätte «*Augusta*» vergessen, zu welch' letzter Missetat sie den Oberstleutnant tags zuvor nach Arco (an der Nordspitze des Gardasees) gefahren hatte. Dort war der Feldmarschall Kesselring in einem Lazarett dabei, von einem Verkehrsunfall zu genesen. Diesem überreichte der Oberstleutnant einen – von HD gelesenen! – Brief, mit dem Prof.Krauch, bevor er fünf Monate später von Nichtswissen befallen wurde, darum bat, die Wehrmacht möge bei ihren Rückzugsgefechten von Mittel- nach Norditalien alle arbeitsfähigen Männer aufgreifen und als Arbeitssklaven nach Oberschlesien schicken. Kesselring lehnte das Ansinnen «aus militärischen Gründen» ab.

Ein General auf der Brennerstrasse

Das «ab Innsbruck» galt dem Zug des Oberstleutnants, während HD unmittelbar danach, jubelnd weil endlich allein, seiner «*Augusta*» auf die Schulter klpfte: «Bring mich unverzüglich nach Verona, wo ich von Freunden erwartet werde.»

So rasch sollte es jedoch nicht gehen, acht Stunden brauchte selbst die nunmehr leichtfüssige «*Augusta*». Als erstes war's am Brenner aus mit dem kostbaren Alleinsein: ein SS-Unteroffizier wurde hinzugeladen. An einer der steilen Stellen kurz vor Brixen hatte ein Militärlastwagen mit Anhänger – einige Räder waren in einem

Bombenloch steckengeblieben – die Strasse nach beiden Richtungen gesperrt. Inmitten der Kette von Fahrzeugen sass murrend in seinem offenen Dienstwagen ein unentschlossener General. Die Lage schien hoffnungslos... nur nicht für HD. Dieser forderte den General auf, den Befehl zu übernehmen: sämtliche Fahrer, er selbst als gutes Beispiel voran, sollten zusammen den Lastwagen aus dem Loch hieven. Nach einigem Zögern – ein General kann sich doch von einem Zivilisten nichts vorschreiben lassen! – tat der General seine Pflicht, und wie vorausgesehen, war die Strasse relativ kurz darauf wieder frei.

HD wollte nun die Langsamkeit seiner Landsleute nutzen und versuchen, sich, an den anderen vorbei, an die Spitze der Kolonne zu setzen; da sprang der General aus seinem Wagen, riss «*Augustas*» Wagenschlag auf und schrie seinen Protest in HD's Ohr, begleitet von mehrmaligem heftigem Öffnen und Zuschlagen der Wagentür. «Lassen Sie das sofort, oder ich zeige Sie an wegen mutwilligen Beschädigens von Wehrmachtsgut!» brüllte HD zurück, ganz spontan, ohne das Kneifen deutscher Generäle wenn angemessen angeschrien in Rechnung gestellt zu haben. Doch so geschah's, und «*Augusta*» konnte weiterfahren mit einem vorher beredsamen, jetzt aber ehrfürchtig schweigenden SS-Passagier, der in Bozen mit tiefsten Dankbezeugungen und «Heil Hitler» «*Augusta*» und ihren «wichtigen» Fahrer dem Genuss des wieder Alleinseins überliess.

Englischer Sender begleitet SS-Verhör

Der befreundete Bauunternehmer Colombo war (mit Recht) verdächtigt worden, er unterstütze die Partisanen seines Heimatorts Monticelli am Po, und so wurde er zu einem Verhör durch die italienische SS – auch das gab's, wenn auch recht kläglich – zu einem Kommando in den Vorbergen des Appennins bestellt. HD musste Colombo, «einen den Deutschen so ergebenen Mitstreiter für den Endsieg» schützen, zu diesem Zweck wurden in Milano für die Expedition zwei ältere deutsche Soldaten rekrutiert, und nach einem nicht zu verachtenden Imbiss bei Colombos Mutter gelangte der Trupp (am 1.2.45) gegen 23 Uhr zum Ziel. Die Anschuldigungen waren ebenso primitiv wie die Verhörer und mit HD's deutscher Autorität leicht auswischbar, aber das mit einem Finger getippte Protokoll dauerte ewig. Nach Zerstreuung suchend wandte sich HD an einen altersschwachen Radioempfänger und siehe da... der englische Sender in deutscher Sprache brachte die erhoffte Zerstreuung. Nach einer guten Weile merkten es die deutschen Soldaten, und «mühsam» musste HD sie von seinem «Irrtum» überzeugen.

Rote und goldene Tressen

zeigte vor 45 Jahren der letzte HD ansichtig gewordene deutsche General. Dies geschah in Milano am 25.April 1945, einem Tag, der für Italien «historisch» ist, für die

Deutschen jedoch erst teilweise, denn 10 Tage trennten sie noch von ihrer weltweiten Kapitulation. Der Name des Generals ist nach so vielen Jahren, wie es sich Nolte wünscht, «vergangen», es genügt wohl zu wissen, dass er bis zu diesem Tag der deutsche Stadtkommandant gewesen ist. Dem Ansichtigwerden ging Wesentliches voraus, deshalb die Bitte um Geduld!

Die meisten Deutschen, so auch Hardteck und sein Tross, hatten am Vorabend aus Angst vor der anscheinend unmittelbar bevorstehenden «Schlacht um Milano» die Stadt in Richtung Trentino-Alto Adige (Südtirol) verlassen. Die Tatsache, dass es mit dem deutschen Befehlen sein Ende hatte, galt auch für die Abziehenden, obwohl sie noch Wehrmachtschutz in den Alpen suchten, und so wurde HD's Entscheid in Milano zu bleiben mit schlichtem Kopfschütteln zur Kenntnis genommen. Auch die Angst um die eigene Haut spielte dabei eine Rolle, ein Mann mit seinem Gepäck weniger erweiterte den automobilen Transportraum für das Diebesgut und die Chancen der Flüchtlinge «selbst davonzukommen». Bei der Übernahme der Mailänder Wohnung (von HD's Freunden Ferré) hatte sich Hardteck ausdrücklich verpflichtet, sie vor Übergriffen anderer «Aspiranten» zu schützen; das hinderte ihn jetzt nicht, alles ihm für seine Flucht Nützliche «mitgehen» zu lassen und die beiden Autos damit in unvorstellbarer Weise vollzustopfen. Lassen wir ihn ziehen, HD sah ihn nie wieder.

Zum 25. April 1945 heisst es im Taschenkalender: «15h Via Gesù, nach letztem Umzug mit «*Augusta*» [zu de

Finetti] ... mobilitazione mit *Topolino*.» In Via Gesù wurde HD von Beppi Signorelli, einem der Aktivsten von «Giustizia e Libertà» empfangen: «Heute abend werden die Partisanen die deutschen Besatzer aus der Stadt verjagen, ich muss dazu die Arbeiter von S.Siro [einem Vorort] mobilisieren, fahr' mich dorthin!» Niemandem der Anwesenden, am wenigsten HD, kam der Einwand, dies sei wohl doch nicht ungefährlich für einen «verwünschten Deutschen»... und so fuhr man los. Nach etwa 20 Minuten Fahrt durch eine ausgeleerte Stadt gelangte der *Topolino* zu einer grossen vielstöckigen Wohnsiedlung; Beppi sprang heraus und verschwand, ohne HD irgendwelche Weisungen gegeben zu haben. Die Frühlingssonne schien warm und einladend, was bevorstand konnte also nur gut ausgehen, und so liess die Spannung dem Wunsch genügend Raum auszusteigen und es sich auf der Motorhaube bequem zu machen. Nach einigen Minuten sah sich HD von Neugierigen umringt. Schliesslich gab einer von ihnen der allgemeinen Verwunderung Ausdruck mit der Frage: «Ma Lei è tedesco, vero?!» Ein wenig unsicher lächelnd nickte HD und begann zu begreifen, sich in einer Situation zu befinden, die doch niemand ausser den engsten Freunden verstehen konnte. Die Umstehenden fragten sich augenscheinlich: «Was tut ein Deutscher hier? Mit einem deutschen Militärauto? Noch dazu in einem Partisanen-reichen Stadtviertel? Was machen wir mit ihm, ihn gefangennehmen, ihn verprügeln? Jedenfalls nehmen wir ihm sein Auto weg». Im Augenblick geschah noch nichts, man tauschte sich aus, in Dialekt. HD sagte die Wahrheit: er helfe die Partisanen zu mobilisieren, eine Auskunft, welche die Verwunderung und das Misstrauen noch vermehrten. Gottseidank war man auf beiden Seiten unentschlossen... da kam aus einem Torweg Beppi Signorelli von weitem beschwichtigend winkend auf die kleine Ansammlung zugelaufen – auch er hatte inzwischen begriffen, dass die Lage für HD gefährlich hätte werden können; er trat in die Mitte des Kreises und erklärte feierlich, dieser hier, auf HD weisend, ist seit langem ein bewährter Freund von uns, der hier nicht das erste Mal hilft. Grosse Erleichterung allenthalben, Schulterklopfen, Händeschütteln, auguri wünschend, und unter Beifall konnte der *Topolino* wieder abfahren.

Augenscheinlich wollte Beppi HD nicht noch einmal in Gefahr bringen und so liess er sich von ihm zu einem anderen Ortsteil begleiten, schickte ihn dann aber «nach Hause».

Bevor dieser in den Gewahrsam seiner Freunde in Via Gesù zurückkehrte, musste noch etwas Wichtiges geregelt werden: die Rückgabe des *Topolino* an seine «Eigentümer»! Wie konnte das bewerkstelligt werden? Sein Weg von der Peripherie ins Zentrum führte durch die Via Sardegna. HD wusste, dass sich dort in einem grossen Schulgebäude die Zollpolizei einquartiert hatte; sie stand im Rufe eines unbeugsamen Antifaschismus, und so beschloss HD kurzerhand, das Auto diesen Vertretern des italienischen Staats zu übergeben. Eingetreten durch die grosse Eingangspforte musste er sich mehrmals laut räuspern, bis sich am Ende eines langen Gangs eine Tür öffnete, und die müde Stimme eines ganz jungen Soldaten fragte: «Was wünschen Sie?» Hier herrschte eitel Frieden, von der Spannung draussen war nichts zu spüren. «Ich will ein Auto abliefern.» «Was wollen Sie, ein Auto abliefern? Was für ein Auto? Weshalb?» «Auto, das die Deutschen dem italienischen Staat entwendet haben. Nun ist der Krieg zu Ende, da muss das Auto zu seinen Eigentümern zurück.» «Moment bitte, da muss ich den Leutnant rufen.» Nach einer Weile erschien ein sichtlich ebenfalls überforderter Leutnant. Die gleichen Fragen, die gleichen Antworten. «Geben Sie mir eine Quittung und ich bin's zufrieden. Ich gehe dann gleich fort.» Mühsam schrieb der Leutnant, immer wieder von seiner Verwunderung unterbrochen, auf einen Zettel, er habe von HD einen *Topolino* übernommen, und höchst befriedigt trat dieser auf die Strasse, die ihm ohne seinen Freund *Topolino* noch leerer vorkam als vorher.

Von hier war's ein langer Rückweg, zu Fuss fast eine Stunde. Die Sonne schien, der Krieg war aus, auch wenn man noch nicht recht wusste, wie er es ganz schaffen würde; in Milano hatte er's augenscheinlich geschafft, die Mobilisierung der Vorörtler war wohl überflüssig gewesen, alles das spürte HD mit noch ängstlich zurückgehaltenem Jubel und so schritt er fürbass; fast am Ziel kam er zur Kreuzung von Via Manzoni und Via Monte Napoleone, zwei Steinwürfe von Via Gesù entfernt, dort wo seit je das «Hotel de la Ville» die Ecke überwacht (Verdi ist hier gestorben, nachdem man ringsherum Stroh gestreut hatte, damit das Pferdegetrappel ihn nicht störe). Die absolute Stille dieses 25. April liess HD denken, Stroh wäre jetzt überflüssig; selbst die grosse elektrische Uhr, die wie ein Lampion die Ecke des Hotels schmückte, war um 1.28 Uhr mittags stehen geblieben. Irgendetwas Entscheidendes musste passiert sein. Da, plötzlich doch das Geräusch sich nähernder Motorfahrzeuge. Wieso, woher? Zu HD's grossem Erstaunen kam eine kleine Wehrmachtskolonne mit vier Autos langsam, fast feierlich die via Manzoni von Piazza Cavour her; das erste war eine Art von Jeep, bestückt mit vier drohend gegen die Häuser gerichteten Maschinenpistolen, das zweite ein gewaltiger offener Horch, wie sie die deutschen Grosskopfeten gewöhnlich benutzten, und in ihm glitzerten die roten und goldenen Tressen des Generals, des Stadtkommandanten von Milano. Er sass dort aufrecht und stumm, es fehlten ihm offensichtlich der Beifall oder gar die feindliche Angst der den Strassenrand säumenden Neugierigen. Das einzige Schussziel wäre der für die Vorbeifahrenden undefinierbare HD gewesen. Nun hatte auch dieser Angst, er hielt es für ausgesprochen verspätet, hätte ihn jetzt noch ein Schuss aus den vielen Pistolen erreicht. Er drückte sich an die Wand des Hotels, das ihm gar keinen Schutz gewähren konnte, und hielt den Atem an; da rollte die kleine Kolonne – im Rücken des Generals waren noch zwei weitere von Waffen strotzende Jeeps – an ihm vorbei. Gleich kam er wieder ganz zu sich, so dass das Gesehene als eines der schönsten Erlebnisse seines Lebens fest in Erinnerung bleiben konnte.

Einige Augenblicke später, in Via Gesù, erhielt er die Erklärung für diesen merkwürdigen letzten Auftritt deutscher WEHRmacht: der General habe soeben im Pressehaus der Piazza Cavour die Kapitulation der deutschen Besatzung unterschrieben, die vorsah, dass er unversehrt zur Piazzale Brescia, in sein «Compound» (so nannten das später die Amerikaner in Frankfurt) zurückkehren und sich dort nicht den Partisanen, sondern den anrückenden Alliierten ergeben würde.

April 1990

DER GUMMIFINGER

Am 2.Januar 1931 wurde ihm in Frankfurt das «Wahrzeichen» für Lehrlinge der IG Farben in Gestalt eines Gummifingers überreicht, und der Chronist (HD) erinnert sich, wie ihm die Begeisterung dafür deutlich abging, ja, wie das bei ihm Zweifel auslöste, ob er trotz allem doch die falsche Berufswahl getroffen habe. «Trotz allem»: eine «Wahl» war es eigentlich nicht gewesen. In Deutschland gingen die Dinge schon 1930 schlecht – die Industrieproduktion war auf wenig mehr als die Hälfte von 1929 gesunken, mit einer Arbeitslosenzahl von nahe an 6 Millionen. Die Aussicht, den Lebensunterhalt in einem Beruf zu verdienen, der die Basis im Rechtsstudium hatte, war gering, es sei denn nach einigen Jahren unentgeltlicher Vorbereitung. Auf eine langwährende Unterstützung von zu Hause durfte HD nicht mehr rechnen.

Ein paar Wochen vor seinem Beginn in Frankfurt hatte er in Bonn seine Dissertation *«Die Staatsaufsicht über die Stiftungen»* eingereicht; letztere war strittig gewesen zwischen einem sich nicht in der Gunst der Studenten sonnenden Zivilrechtslehrer und dem Doktorvater, einem Staatsrechtler, der an einer seine These stützenden Dissertation interessiert war. Das Thema hatte zwar nicht den Wünschen von HD, wohl aber seinem Vergnügen entsprochen, für seinen Doktorvater in die Arena zu steigen.

Schmerzensreich war der Sprung aus der Universitätsbibliothek direkt vor einen grossen Haufen Rechnungskopien, die der Lehrling geheissen wurde, mit Hilfe des Gummifingers nach ihm zunächst verborgenen Gesichtspunkten zu sortieren. Niemand sagte ihm, woher die Kopien kamen, welchem Zweck sie gedient hatten und was nach dem Sortieren mit ihnen geschehen werde. Man müsse die «Kundenbuchhaltungen» der einzelnen Komponenten der IG Farben in Frankfurt zusammenlegen, hiess es. Da gab es auch eine «Spezialbuchhaltung», und in beiden verbrachte HD neun Monate, ohne «Buchhalten» zu erlernen. Um die Lehrlinge kümmerte man sich kaum, der IG Farben genügte es augenscheinlich, dass man 1931 vorrangig bei ihr untergekommen war... mit einem Monatstrinkgeld von RM 40,-!

Aus den ersten Monaten der sogenannten «Lehr»-zeit erinnert HD nur den Trost, in der Abteilung einem Mitleidenden begegnet zu sein. Auch dieser war ein «Studierter», der bei Bayer in Leverkusen gearbeitet hatte und vor die Wahl gestellt worden war, entweder zu kündigen, oder sich nach Frankfurt in die Kundenbuchhaltung versetzen zu lassen. Woanders Arbeit zu finden, war 1931 praktisch unmöglich, und so sass er nun dort ebenso unglücklich wie HD. Es gelang den beiden, im Meer der Buchhalter Plätze einander gegenüber zu ergattern, und dabei entdeckten sie, dass man die mittlere Schublade ihrer Pulte von unten mit dem Fuss dem Freund in den Bauch stossen konnte, wovon sie zur gegenseitigen Aufmunterung häufig Gebrauch machten.

Wie kam man zu zusätzlichen Urlaubstagen (regulär

hatte man 14 Tage im Jahr)? 1931 gelang es dank der mündlichen Doktorprüfung, für die HD zwei Wochen «bedurfte». Im zweiten Jahr, inzwischen schon gewitzter geworden, bat HD um vier Wochen Urlaub zur Vertiefung der Kenntnis der englischen Sprache in England; da er Englisch jedoch schon ziemlich beherrschte, verbrachte er die vier Wochen in Österreich bei seinen Freunden Schwarzwald am Grundlsee. Er verschwand rasch in eine Nebengasse, als er in Bad Aussee des Bruders seines Abteilungschefs ansichtig wurde! (1936, zurück aus Frankreich, gab er unwahrheitsgemäss an, dort Urlaub noch nicht gehabt zu haben, auch das gab zusammen vier Wochen).

Die «Lehr»-zeit erinnert HD als die stumpfeste und leerste Zeit seines Lebens. Ununterbrochen erörterte er mit sich selbst und mit seinen Freunden die Möglichkeit, doch noch in den Staatsdienst zu wechseln. Am 16. April 1932 schrieb ihm Genia Schwarzwald: «... aber in Deiner Berufsangelegenheit bin ich ein Feigling. Natürlich halte ich nicht viel von der IG Farben. Die hast Du mir ja ausgeredet. Aber ich weiss nicht, was ich vom Staat halten soll. Wie soll ich Dir raten, die Planke IG loszulassen im reissenden Strom dieser Zeit, wenn ich dafür nichts anderes zu bieten weiss!?...»

Im Dezember 1932 hatten sich die Zuständigen der IG ausgedacht, die Lehrlinge einem gerade neuen, hochmodernen amerikanischen Intelligence-Test zu unterziehen. Da war eine automatisch vorrückende Schreibtischplatte zum horizontalen Addieren von 10mal ca.10 zweistelligen nebeneinander gestellten Zahlen. Die erste

Reihe gelang HD fehlerlos; schon beim zweiten Vorrücken begann ihm der Zwang schwer erträglich zu werden, so dass er in den folgenden Reihen immer weniger Zahlen addieren «konnte», bis er wütend die letzte einfach durchstrich. Es gab auch einen Aufsatz mit drei Themen zur Wahl, unter denen er «Frankfurt» wählte, versichernd, dass es eine grässliche Stadt sei, nur dank der Juden zu ertragen. Die Beurteiler stuften ihn hoch als «ungewöhnlich» ein; es muss also doch ein «guter» Test gewesen sein!!

Sein Pult-Nachbar war der Registrator mit dem goldenen Parteiabzeichen, der während der Butterbrotspause seine Intelligenzlücken mit der Lektüre des *Völkischen Beobachters* zu schliessen trachtete. HD schaute ihm – zwei Monate vor dem «Machtergreifen» – über die Schulter, deutete auf ein Foto von Hitler und sagte laut: «Das muss doch jeder einsehen, dass ein Mann mit einem solchen Gesicht unmöglich Reichskanzler werden kann.» Kurz darauf wurde HD – ab 1.1.1933 Angestellter mit RM 190 netto Gehalt! – in eine andere Abteilung versetzt. Nach dem 30.1.33 begegnete er ganz zufällig auf dem Flur eines anderen Stockwerks dem ihn nun triumphierend ansprechenden Parteigenossen: «Was sagen Sie nun?» Die Antwort: «Man kann eben nicht immer recht behalten», schien nicht sehr zu gefallen, und mit einem, ein wenig bitter lächelnden «Heil Hitler» trennte man sich, für immer.

Kurz vorher hatte HD seine Meinung zu Hitlers Physiognomie «handgreiflich» bestätigt gesehen. Das geschah so: Anfang Dezember 1932 fuhr er auf ein

Wochenende nach Berlin, um dort Genia Schwarzwald zu begegnen (es war ihr letzter Besuch in Deutschland!). Bevor sich sein Zug in Magdeburg wieder in Bewegung setzte, wurde er bei der Vertilgung eines Sandwiches im Speisewagen unliebsam durch das Erklingen des Horst-Wessel-Lieds und lautes «Sieg Heil»-Geschrei am Kopf des Bahnsteigs gestört. Nach einigen Minuten erschien im Speisewagen ein typisch-preussischer Adjutantentyp, sah sich forschend um und setzte sich diagonal an den Tisch des genügend blond aussehenden HD. Nicht lang danach kam Hitler selbst, begleitet von einem weiteren Adjutanten, und setzte sich HD gegenüber ans Fenster. HD war angewidert, nicht einmal neugierig wie sonst immer. Hitler war dreckig, sein Anzug voller Fettflecken, Kragen und Manschetten seines Hemds beschmutzt, von seinen Händen ganz zu schweigen. Nachdem sie ihr Essen bestellt hatten, wendete sich Hitler an seine Begleiter: «Dies Mädchen in der Reihe vor mir war schön, nicht wahr? Aber alles, was man von mir will, ist reden, reden und nochmal reden!» Dann assen sie. Hitler essend! Noch ein Grund, um das Weite zu suchen; so zahlte HD seine Rechnung und stand auf... anstatt die Gelegenheit mit Hitler zu spechen auszunutzen; dass so ein schmieriger Mann zwei Monate danach deutscher Reichskanzler sein werde, konnte und wollte er sich nicht vorstellen. Auch war er für ihn in keiner Weise faszinierend, wie später so viele behaupteten, ... nur abstossend.

Nach den zwei ersten trüben «Lehr»-Jahren wurde es besser. Wie alle Lehrlinge schickte man HD im März

1933 für 1½ Monate nach Höchst zum Färben, d.h. dort wurden ihnen die verschiedenen Verfahren zum Färben und Bedrucken von Textilien mit organischen Farbstoffen auf Laboratoriumsebene gelehrt, zuletzt auch die Herstellung von Lacken. Es freute HD sich mit der Materie zu befassen, welche der für ihn vorgesehenen Arbeit erst ihren Sinn gab, und so bat er mit Erfolg darum, in zusätzlichen sechs Wochen seine Kenntnisse weiter vertiefen zu dürfen. Als dankbare Erinnerung an diese drei Monate verwahrte er viele Jahre lang die selbst gefertigten Musterkarten.

Das «Färben» in Höchst hatte auch in anderer Beziehung sein unschätzbar Gutes: während der beschämenden NS-Ereignisse des ersten Halbjahrs 1933 war man dort wie versteckt auf einem Abstellgleis, wo man nicht gesucht und nicht genötigt wurde, Stellung zu nehmen. Nicht auszudenken, was HD bei täglichem Zusammensein mit den vielen NS-Begeisterten des «IG-Hochhauses» geschehen wäre!

Auch, nein gerade die wohlüberlegtesten Entschlüsse laufen Gefahr, angenagt zu werden von Unvorhergesehenem, von Versuchungen durch Dritte oder gar von eigenen Gelüsten. So hatte sich HD vorgenommen, jeder «*Gegenstand*» müsse bis zum Schluss seine Gegenwart rechtfertigen können. Der Gummifinger soll aber nicht, wie es Ernst Nolte empfehlen würde, zu den «Vergangenen» geschlagen werden, doch h i e r ist es mit seiner Teilnahme zuende.

Bevor einiges Gummifingerfreies hinzugefügt wird, ist die Frage berechtigt, was damals geholfen habe, heil durch die ersten zwei IG-Jahre zu kommen. Dazu teilte HD sein Leben streng zwischen dem fast ausschliesslich unbefriedigenden um 17 Uhr beendeten Achtstundentag und der Suche nach ihn Erfreuendem in den restlichen sechzehn Stunden.

Da war an erster Stelle die totale Gastfreundschaft im Hause seiner Verwandten, wenn auch mit dem Onkel, der ihm die Strasse des «Gummifingers» geöffnet hatte und Nr.1 im Riesenbüro der IG Farben war, nie über die «schändliche» Vernachlässigung der Lehrlinge gesprochen wurde. Zwei Jahre gelang es HD, in der IG die Verwandschaft zu verbergen, einerseits um den Verdacht des Nepotismus nicht aufkommen zu lassen, andererseits weil er sich für den Onkel schämte, der sich – gegen das Interesse der Firma – nicht um eine zweckentsprechende Ausbildung der Lehrlinge kümmerte. Höhepunkt dieser Gastfreundschaft waren die häufigen Abendimbisse bei der mehr als zehn Jahre jüngeren Kusine in der zweiten, der Mondänität entrückten Etage des Hauses. Die Wochenenden verbrachte er fast immer bei einer Liebsten in Heidelberg, mit der er schon seit seinen Bonner Studienjahren verbunden gewesen war.

Von grösster Bedeutung war seine Freundschaft mit Hanna Bekker von Rath. Sie war die Tochter eines Vetters von HD's Grossvater. Trotz des Altersunterschieds gab es ein gegenseitiges Schätzen auf den ersten Blick. Fast jede Woche besuchte er sie in Hofheim, und so war

HD Zeuge der ersten Schritte der Bildersammlung, die sich heute im Wiesbadener Museum befindet; dabei wurde ihm der deutsche Expressionismus als eine wichtige Komponente seines Kunstverständnisses vertraut. Eines Tages gelang es Hanna davon zu überzeugen, eine aktive Frau wie sie müsse endlich auch Auto fahren (noch ein anderer Freund behauptete später, die Art, wie HD fahren lehre, könne die beste Freundschaft gefährden!); dazu schlug er ihr den gemeinsamen Besitz eines Autos vor: Hanna in der Woche, HD am Wochenende. Es gibt ein Foto von Hanna am Steuer des gemeinsamen kleinen 2-Zylinder-luftgekühlten *Tatra* unter der Akropolis.

Nach dem Färben in Höchst schickte man HD für sechs Monate nach Leipzig, in das grösste Verkaufsbüro der IG in Deutschland. Er begleitete die Reisenden zur Kundschaft und lernte, «wie man das macht». Diese Monate und zwei folgende in einer Färberei in Kulmbach brachten ihn in ungeschützte Berührung mit dem NS-Alltag. Weniger schlimm als er erwartet hatte, aber vielleicht nur deshalb, weil erst relativ wenig Menschen, besonders nicht die Kleinbürger, den Terror zu spüren bekamen und dieser 1933/34 mit mehr Sorgfalt versteckt wurde als später nach Hindenburgs Tod und dem totalen Abhalftern der Konservativen. Die Arbeiter in der Färberei grüssten noch nicht mit «Heil Hitler» und schienen darüber zufrieden, dass es mehr Arbeit gab.

Zurück nach Frankfurt sollte er sich in der «Abt.Frankreich» auf ein Ausbildungsjahr in diesem Lande vorbereiten. Der Direktor lehnte ihn ab, weil man der Arbeitserlaubnis in Paris nicht sicher sei und seine Abteilung HD's Gehalt (RM 220 im Monat) nicht verkraften könne. Der so Zurückgewiesene wurde neugierig und erfuhr, die Abteilung habe im Jahre 1933 1,1 Millionen RM netto erwirtschaftet! Bis zum Eintreffen der französischen Papiere wurde HD in der Direktionsabteilung, dort wo man die internationalen Farbstoff-Kartelle bewirtschaftete, «vorübergehend» beschäftigt. Das Schicksal war ihm hold: ein NSler musste wegen Betrugs entfernt werden, und über Nacht wurde HD zu einem willkommenen Mitarbeiter, der dort in drei Monaten mehr gelernt hat als in den 27 vorausgegangenen!

Mai 1990

DER LIFT

Die Tür des Lifts, der den Chronisten (HD) in Milano am 25.4.1944 im Hause Corso Littorio Nr.5 (heute Corso Matteotti) vom 5. Stock zum Erdgeschoss befördert hatte, öffnete sich gegen eine dort ungeduldig wartende, schöne und besonders gut gepflegte Frau, ein auch wegen seiner damaligen Seltenheit geschätzter Anblick. Wäre ihr Blick nicht so zornig gewesen, ein Blick der herrschenden Klasse, hätten ihre dunklen Haare, ihre blauen Augen und ihr heller Teint dazu verführen können, sie für ein, allerdings sehr erwachsenes Schneewittchen zu halten. An die Deutschen in ihrem Haus – es war das Bürohaus der ihrem Mann gehörenden Stahlwerke; dort hatte die arme anderswo Ausgebombte einen elegantesten Unterschlupf im 6.Stock gefunden – hatte sie bisher nie das Wort gerichtet; nun aber gab sie ihrem Zorn durch den Tadel Ausdruck: «Wissen Sie denn nicht, dass es verboten ist [Stromsparen im Kriege], den Aufzug zum Hinunterfahren zu benützen?» [d.h. man durfte ihn nicht leer heraufkommen lassen; aber die Schöne wusste wohl nicht, ob er nicht oben auf erlaubte Hinunterfracht gewartet hatte, oder war er ihr gerade leer entschlüpft?].

Immer ungern ermahnt und dazu auch noch aus «Kriegsgründen», schaute HD die Tadlerin einen Augenblick erstaunt an und fragte dann: «Was haben Sie heute Mittag gegessen?» «Wie erlauben Sie sich, mich danach zu fragen» gab sie ebenso ungehalten wie verwundert zurück. «Sehr einfach: Sie haben bestimmt auf dem Schwarzmarkt Erworbenes, also Verbotenes gegessen, was mich freut. Jeder tut sein Verbotenes. Sie essen und ich fahre im Aufzug hinunter. Guten Abend!» Der Verdutzten entwich er rasch, auch um zu verbergen, wie sehr er selbst über seine Antwort verdutzt war.

Im Sommer 1945 kam ihm der Wunsch, sich bei der schönen Frau doch noch zu entschuldigen ... und sie wiederzusehen. Er liess sich bei ihr von einem grossen Strauss Margeriten und von einem Freund, seit jeher in der Mailänder Gesellschaft als Antifaschist bekannt, einführen. Es gab eine Enttäuschung: die Schöne empfing ihn sehr, ja ein wenig zu liebenswürdig (mithin nicht mehr «der Liebe würdig») und war nicht bereit, nachträglich gemeinsam über die «verjährte» Begegnung zu lachen... und da war sie auch nicht mehr so schön!

September 1990

DAS RETTUNGSBETT

Der Chronist (HD) ist stolz auf diesen als Begriff neuen «Gegenstand»; anlehnen tut er sich an das allseits wohlbekannte Rettungsboot. Gemeinsam haben beide die Bestimmung Menschen zu retten. Jedoch, während ein Boot im Notfall unmittelbar zur Tat schreitet, rettet ein Bett gewöhnlich erst nach geglücktem Vollzug anderer Funktionen, so auch in diesem Falle, wie wir gleich sehen werden.

Der Krieg war vorbei, und im Winter 1945/46 begann man sich in den Trümmern der auf Einladung der Deutschen zerbombten Städte so gut als es ging «wohnlich» einzurichten. Hierzu gehörte auch das Landgericht in Frankfurt, an der Zeil; seine eigentliche Adresse war eine etwas abseits gelegene Strasse, aber man gelangte zu ihm nur mittels eines mit Pfeilen geschmückten Pfades, der die Trümmer der eigentlichen Anrainer der Zeil durchquerte. Kurzum, der baulich intakte Treppenstumpf im Innern gestattete den Zugang zum ersten Stock, wo ein Zettel auf einer der wenigen bewohnten Türen den Termin einer Scheidungsklage anzeigte, zu dem HD als Zeuge erwartet wurde. Auf dem Flur war es bitter unfreundlich, und so klopfte der Geladene an die Tür. «Ja, kommen Sie ruhig herein; eigentlich müssten Sie ja draussen warten, bis Sie aufgerufen werden, aber dafür ist es heute wirklich zu kalt.» Mit dieser Aufforderung lud der Richter zum Platznehmen ein.

Die Klägerin war HD's nahe Anverwandte seiner

Altersklasse; sie hatte HD gebeten, dem Gericht sein Wissen um das ehewidrige Verhalten des Beklagten im letzten Kriegsjahr in Italien darzutun, und ihm dazu sein festes Versprechen abgenommen, auf keinen Fall ins Politische abzugleiten... denn der zu Scheidende war bis Kriegsende ein in SS-Uniform gehüllter NS-Generalkonsul in Turin gewesen; geschieden werden sollte er auf keinen Fall deswegen, sondern ausschliesslich weil er überhaupt ein Ekel war. In seinem norditalienischen Amtsbezirk war es bekannt, dass der NS-Konsul ein Liebesverhältnis mit einer schönen Turinerin, einer deswegen verachteten Aristokratin unterhielt; als Scheidungsgrund genügte das.

Nach den üblichen Formalitäten wurde HD in den Zeugenstand gebeten. «Beruf?» «Arbeitslos!» «Wieso können Sie denn zugunsten der Klägerin aussagen?» «Das war so. Ich war Funktionär einer deutschen Dienststelle in Mailand zu eben der Zeit, in welcher der Ehemann der Klägerin in Turin NS-Deutschland als Konsul vertrat.» Die Klägerin begann beim Wort «NS-Deutschland» zu erbleichen und verfärbte sich noch mehrere Male, während HD fortfuhr: «Dass er aussereheliche Beziehungen unterhielt, hätte ja auch Gerede sein können. Entscheidend jedoch war, wenn meine Freunde vom italienischen Widerstand oder ich jemanden vor der SS oder anderen NS-Verfolgern retten wollten, dass man sich an die Turiner Liebste des Konsuls wandte, und siehe da, aus dem Bett kam fast immer die Rettung: das gewünschte Eingreifen zugunsten unserer Schützlinge. An den Mitteln, mit denen solches erreicht wurde, zweifelte niemand!» «Ich auch nicht» sagte der Richter. «Ich danke Ihnen, Sie können gehen.»

HD erhob sich, suchte den dankbaren Blick der wieder zu ihren normalen Farben zurückgekehrten Anverwandten und verliess belustigt das Gericht in den Trümmern.

Wie doch dieses Bett, lächelte er, mit den gleichen, stets wohlfeilen Mitteln so unterschiedlich-Bedürftige zu retten vermocht hat: Was zuvor den italienischen Partisanen billig war, ist nun der Anverwandten recht: die Freiheit!

Oktober 1990

DER KOFFER

Handelnde und Erduldende, in chronologischer Reihenfolge des Berichts:

– der Koffer
– sein Oberstleutnant
– dessen Nazi-Begleiter
– die italienischen Bauunternehmer
– ein Taxifahrer
– Berninis Treppe
– zwei päpstliche Schweizer Garden (*)
– zwei Hellebarden
– ein Empfangspriester (*)
– Raffaello (**)
– Papst Pius XII.
– HD, der Chronist (*)

Es war zu einer Zeit, da Koffer Subjekte und ihre Besitzer Objekte waren, nämlich Oktober 1943 (im Mai die Soldaten der «Achse» aus Nordafrika vertrieben, im Juli Landung der Alliierten in Sizilien und Verhaftung Mussolinis, Ende September Landung der Alliierten in Salerno und Mussolini als Hitlers Strohmann «Duce» der Repubblica Sociale di Salò, alles das während im Osten die Russen unaufhaltsam gegen Westen vorrückten). Wo wäre man hingekommen, wenn Koffer sich

(*) vermutlich noch lebend
(**) er allein unsterblich

nicht grossmütig der Transporte von Schwarzmarktware angenommen hätten? Dass, wie auch in unserem Fall, am Ende das Subjekt (der Koffer) vom Objekt (dem Oberstleutnant) getragen wurde, tut der Hierarchie keinen Abbruch.

Päpste werden in Sänften getragen, diese von Trägern; da gibt's dann mehrere Subjekte. Nur der Papst bleibt immer Objekt, in unserem Bericht in Gestalt des Trägers eines für das Haupt der Christenheit höchst eigentümlichen Irrtums: man könne des Bösen mit Hilfe des Böseren Herr werden. Schon damals fragte man sich: hat dieser Irrtumsträger nie überlegt, wie es ihm wohl ergangen wäre, hätte er sich später einem siegreichen Böseren allein stellen müssen. (Für die, die noch im Ungewissen sind oder gern sein mögen: Subjekte waren ausschliesslich Stalin und Hitler.)

Nun zum Koffer! Er mag von Zehlendorf oder Neukölln oder von einem anderen Bomben-Trümmergelände Berlins gestartet sein, das ist nicht wichtig, wohl aber, dass sein Objekt das Angesicht eines deutschen Oberstleutnants hatte. Dieser war, den Koffer begleitend, zusammen mit einem Erznazi seines Büros (der sechs Monate später HD's Stelle übernehmen sollte) in Rom mit der Absicht gelandet, für sich, das heisst für seinen Vorgesetzten, den «Generalbevollmächtigten für Sonderfragen der chemischen Erzeugung», nein auch nicht für ihn, sondern für die von diesem kontrollierten Chemie-Grossbaustellen in Oberschlesien zusätzliche Bauarbeiter «einzukaufen». Im März 1942 waren dergleichen ca. 8000 die Frucht eines Vertrags mit dem faschistischen Bauunternehmer-Verband in Rom gewesen; als Frucht der Versklavung Italiens nach dem 8. September 1943 sollten nun weitere tausende folgen. Die italienischen Bauunternehmer, 1942 allein auf ihren Profit begierige «Mitläufer», waren jetzt, 1½ Jahre später, nur noch darauf bedacht, nach der von ihnen mit Sicherheit erwarteten deutschen Niederlage nicht der Beihilfe zu NS-Verbrechen bezichtigt werden zu können.

Wie kann man, berieten sich die römischen Bauunternehmer mit HD, den Oberstleutnant ohne Konzessionen zufrieden nach Berlin zurückschicken? «Seinen Koffer bis zum Rand mit Schwarzmarktware füllen..., möglichst nach einer Privataudienz beim Papst», schlugen die Bauunternehmer vor. HD, ebenso erstaunt wie entzückt, vertraute auf die Hilflosigkeit seiner Landsleute, wenn es gilt, mit einer Improvisation fertig zu werden; deshalb war er sicher, dass etwas so Aussergewöhnliches wie ein Händedruck des Papstes den Oberstleutnant alles andere vergessen und ihn mit leeren Versprechungen befriedigt abziehen lassen werde.

HD zweifelte allerdings an der Durchführbarkeit dieses Programms; als jedoch nach zwei Tagen die Nachricht kam, der Papst erwarte sie tatsächlich zu einer «Privataudienz» (will heissen: Empfang von 20 Menschen, mit jedem spricht er einige Worte) wurde ihm der so dringend zu sabotierende Reisezweck des Oberstleutnants fast gleichgültig; HD beherrschte jetzt der Gedanke, er könne die einmalige Gelegenheit nutzen, dem Papst das selbst zu sagen, was seine Botschaftertante sechs Monate vorher dem Papst nicht hatte sagen wollen (siehe *Fahrräder*), nämlich: die ganze Christenheit erwarte von ihm, dass er als Wächter über die Zehn Gebote, den Mörder Hitler endlich exkommunizieren werde. Alle, die das forderten - aus religiösen oder auch nur aus politischen Gründen - waren überzeugt davon, dass ein solches Bloßstellen des Verbrechers Hitler den Krieg abkürzen und damit Millionen Menschen vor dem Vertilgungstod retten werde.

Die Vorbemerkungen waren notwendig, um den Koffer ins deutsche Licht zu rücken. Am Morgen des 17.10.1943 wurde ein Taxi gerufen; es gab derer nur wenige, und man wusste nie, wer älter war, das Taxi oder dessen Fahrer. Unter den vier Gästen unseres Gefährts war der älteste zweifellos der Koffer; er war nicht nur physisch zugegen, sondern beherrschte auch zu einem guten Teil das Gemüt des Oberstleutnants. «Zum Vatikan, da, wo man zu den Audienzen geht, bitte.» Das Alter des Fahrers bewährte sich, er fuhr seine Fracht ohne Zögern zum grossen Eingang, dort, wo die Bernini-Säulen ihren Rundweg um den Petersplatz antreten, sozusagen direkt unter dem Fenster des Palastes, von wo aus die Päpste zur Menge auf dem Platz zu sprechen und sie zu segnen pflegen.

Empfangen wurden die Gäste von einem schönen, bunt gekleideten, freundlich, aber streng blickenden Schweizer Gardisten, der die Einladung als in Ordnung befand und mit seiner Hellebarde auf die Treppe zum Aufsteigen wies.*

Dem Wink der Hellebarde gehorchend, stiegen die drei Zugelassenen, ohne den Koffer, eine der schönsten und eindrucksreichsten Treppen der Welt hinauf. Dank ihrer sehr niedrigen und sehr tiefen Stufen, war diese wohl fünf Meter breite Treppe auch für Berittene betretbar, von Sänften ganz zu schweigen. Plötzlich, auf halber Höhe, wandte sich der Oberstleutnant aufgeregt flüsternd an den gerade in Bewunderung der Treppe versunkenen und zugleich sein Gesprächsvorhaben mit dem Papst überdenkenden HD: «Um Gottes willen, mein Koffer! Im Taxi hab'ich ihn stehen gelassen!» «Na und? Das Taxi kommt uns ja abholen, fraglos mit dem Koffer.» Schwer seufzend und genau wissend, wie's auf der schlechten Welt zugeht, liess sich der Oberstleutnant, grübelnd und angsterfüllt, nicht besänftigen. «Man weiss doch, wie unehrlich die Italiener sind; der kommt sicher nicht zurück.» HD versuchte es nun mit der Aufforderung, die Treppe zu bewundern, aber auch das hätte nicht geholfen, den vom Schicksal geschlagenen Oberstleutnant aufzurichten; denn man war mittlerweile nach Überwindung der letzten Stufen beim zweiten, ebenfalls bunten und gleichfalls mit einer Hellebarde bewaffneten Gardisten angelangt. HD's letzte, und nun schon reichlich ungeduldige Bemerkung, der in

---

* *HD ist, was die Gliederung des Palastes und den Weg zum Audienzraum angeht, allein auf sich angewiesen, ist es ihm doch nicht gelungen, zur Kontrolle seiner Erinnerung eines Grundrisses habhaft zu werden; der Rom-Führer des Touring Clubs enthält das Gesuchte nur für die Museen, nicht aber für den Papstpalast; andere Veröffentlichungen gibt es im Buchhandel nicht.*

Frage stehende Koffer sei alles andere als ansehnlich und könne römische Taxifahrer sicher nicht zu einer Unterschlagung bestimmen, war gerade dabei, den Oberstleutnant zu irritieren; doch blieb auch dazu keine Zeit, denn auf ein Kopfnicken der Hellebarde hin trat aus einer atemberaubenden Fresken-Kulisse ein offensichtlich zum päpstlichen Hofstaat gehörender, ganz in Schwarz gekleideter Priester, der nach einer kurzen, freundlichen, aber zurückhaltenden Begrüssung zu verstehen gab, sich von ihm zum Audienzsaal geleiten zu lassen. Damit begann eine vermeintlich endlose Wanderung durch unvergesslich farbreiche Räume – sicher waren es die auf den Fresken Raffaels dargestellten dramatischen Ereignisse, die in der Erinnerung alles gigantisch vorkommen lassen. HD war davon so verwirrt, dass er eine Halt gebietende Geste des begleitenden Priesters fast übersehen hätte. Die drei müssen sich wohl schon auf der der Treppe gegenüberliegenden Seite des Raums befunden haben, denn rechts von ihnen hatte sich eine grosse Flügeltüre geöffnet, und aus ihr trat die faszinierende, hohe Gestalt Pius XII., in vollem Ornat, unmittelbar gefolgt von einem Trupp von Kardinälen und anderen Würdenträgern. Pius XII. schien in sich gekehrt und, ohne irgendjemanden eines Blicks zu würdigen, eilte er behenden Schritts ganz nahe an den Besuchern vorbei; man hätte ihn unschwer berühren können, ehe sich am anderen Ende des korridorähnlichen weiten Raums eine zweite Flügeltür öffnete, um ihn und seine Begleiter in ihre Arme zu nehmen. Das Ganze dauerte weniger als eine halbe Minute, jedoch genügend, um

HD einzuschüchtern und ihn an der Durchführbarkeit seines Vorhabens zweifeln zu lassen. Der Papst komme soeben von eine Seligsprechung in der Cappella Sistina zurück und werde nun binnen kurzem die Audienz abhalten, bedeutete man den Dreien.

Nach wenigen Schritten befand man sich im Audienzraum, nicht viel grösser als für die Aufstellung von 4x5 Personen im Quadrat notwendig. Dort warteten bereits siebzehn andere Audienzler, alle in deutschen Uniformen. Dahinterzukommen, «welche Bauunternehmer» diesen die Audienz «verschafft» hatten, hinderten der weiter rumorende Koffer und der Eindruck, den der eben unvorhergesehen vorbeigerauschte Papst hinterlassen hatte.

Nach 15 Minuten stehenden und schweigenden Wartens öffnete sich wieder eine Tür und Pius XII., nunmehr in weisser Arbeitskleidung, trat ein; das Quadrat der Wartenden öffnete sich, um ihn in ihre Mitte zu lassen. Er begrüsste die Anwesenden mit einer kurzen, nicht zur Erinnerung führenden Rede, die mit einem päpstlichen Segen endete. Alsdann begann er seinen Rundgang, fragte jeden, ob er auch brav sei, was ausnahmslos bejaht wurde, reichte seinen Ring zum Kuss und liess die Gekommenen von einem Assistenten mit einem kleinen silbernen Medaillon beschenken. Als Pius XII., fast zuletzt, bei dem zwischen dem Oberstleutnant und seinem Nazi-Begleiter wartenden HD angelangt war, hatte dieser genug Zeit gehabt zu bemerken, dass hier nur Deutsch gesprochen wurde, es also unmöglich geworden war, plötzlich, ganz grundlos, auf Italienisch überzugehen. Da verliess HD der Mut; auf die an ihn, wie an alle anderen gerichtete Frage schwieg er, was ihm einen verwunderten Blick des Papstes eintrug, der sich nach kurzem Zögern dem nächsten zuwandte. HD war ganz verzweifelt und vermeinte, nun sei er verantwortlich für alles Entsetzliche, was weiter ungehemmt geschehen werde.

Nach wenigen Minuten hatte Pius XII. seinen Rundgang beendet und entschwand, unversehrt.

HD hätte sich wohl nicht so rasch derfangen können, wäre nicht der Koffer gewesen, denn, kaum hatte man den Empfangssaal verlassen, begann der Oberstleutnant wieder um seinen Koffer zu zetern. Zusammen stieg man die herrliche Treppe wieder hinab, ohne dass HD irgend etwas zu erwidern vermochte. Unten angelangt: kein Taxi!! Doch ehe der Oberstleutnant sich triumphierend einem «Sehen Sie» hingeben konnte, gewahrte HD das Taxi, wie es sich aus einer gewissen Entfernung humpelnd über das Pflaster des Platzes auf die Gruppe hin bewegte, und, als es nahe genug war, sah man auch den augenscheinlich höchst zufriedenen Koffer. Auf das «Sehen Sie» des Chronisten schwieg das Objekt, offensichtlich unberührt davon, dass ein deutscher Oberstleutnant im Oktober 1943 inmitten von Bomben, Verbrechen und Papst nur das Schicksal seines Koffers im Kopf hatte!

* * *

An Pius XII., den Koffer und den Oberstleutnant wurde HD im Sommer 1952 erinnert, als er vom Portal des Doms von Spoleto die «Regeln für die Beichte» entwendete und las:

1) Die Absolution kann nicht an Katholiken erteilt werden, die Mitglieder der von der Kirche verurteilten Gruppen und Parteien sind.
2) Der Beichtvater kann die Absolution einem Sozialkommunisten nur erteilen, wenn dieser verspricht, seine Mitgliedskarte zurückzugeben oder zu vernichten.

Spoleto, 6.Juni 1952
Die kirchliche Behörde

Sieh' an, dachte HD, vom Verzicht auf den Kampf gegen den «Böseren» ist die Kirche nicht christlicher geworden...

Januar 1991

GELEISE

Ja, tatsächlich, es sind hier im Mai 1991 Eisenbahngleise (lt. Duden «Geleise» veraltet) im Spiel, und zwar solche des Bahnkörpers zwanzig Minuten Fahrt von Katowice in Richtung Wrocław (Breslau). Für den Titel hatten sich auch zwei «Bahnhöfe» und eine «Angst» angeboten. Nicht nur fehlten beiden Bahnhöfen, obwohl reguläre Ein- und Aussteigestellen für den Personenverkehr, bahnsteigähnliche Einrichtungen, sondern sie hatten, unabhängig von einander und doch verbunden, gemein, von nicht fortzudenkender Bedeutung im Lebensweg des Chronisten (HD) geworden zu sein. Die Angst hingegen musste sich damit begnügen, vom Anblick der Geleise erst vor kurzem und nur einmal ausgelöst worden zu sein.

Vier Tage zuvor hatten HD und Luisa nahe Krakau die polnische Grenze im Fluge überschritten. Polen hatte gerade seine Grenzen geöffnet, was den Passkontrolleur am Flughafen noch so stark verwirrte, dass ihm das Suchen nach den nicht mehr erforderlichen Visen ebenso viele Minuten kostete wie der Alitalia der Flug von Rom nach Krakau. Solches beeinträchtigte jedoch weder den überaus freundlichen Empfang durch zwei geduldige, italienische Anstifter der Reise, noch den pünktlichen Einstieg in das reichhaltige Programm der folgenden Tage. Mit der Eröffnung der internationalen *Triennale Grafica* begann es; sie zeigte nur wenig Sehenswertes, aber vermittelte einen Eindruck von der

Intensität des intellektuellen Lebens dieser für Westler so weit entfernten Stadt und ihrer vielschichtigen, gastfreundlichen Einwohner. Um so hemmender wirkte die Tatsache, dass man mit niemandem sprechen konnte und sich mit dem den Augen Bescherten begnügen musste; nicht leicht, diesen aufgezwungenen Verzicht zu überwinden, in Wahrheit gelang dies HD während der ganzen polnischen Woche nicht. Von Tag zu Tag bewegte ihn mehr die Frage, wie es den Menschen von Ost und West wohl gelingen werde, trotz der Sprachhemmung der von allen Seiten angestrebten Gemeinsamkeit näher zu kommen.

Den Augen wird es in Krakau nicht schwer gemacht, denn diese altehrwürdige, höchst lebendige Stadt ist, wie man weiss, überreich an Malen aus allen Zeiten. Ganz abgesehen von vielen grossartigen Monumenten fällt auf, dass die Altstadt geradere und breitere Strassen aufweist als andere «gleichaltrige» Städte. Die vielen Stadtpalais muten österreichisch an: warum sollen auch die Habsburger hier keine Spuren hinterlassen haben! Noch eine Besonderheit spürt man allenthalben: der Krieg hat die Stadt verschont, aber kein Deutscher kann vergessen, wie seine Landsleute von 1939 bis 1944 von hier aus Polen verwüstet und die polnische Oberschicht dezimiert haben. Besonders erging es HD so auf dem Wawel, dem die Stadt beherrschenden Hügel mit seiner mächtigen Kathedrale und seiner vielverzweigten Burg, von wo aus alle Regenten Polens regierten, zuletzt fast fünf Jahre lang der 1946 dafür in Nürnberg hingerichtete NS-«Generalgouverneur» Hans Frank.

Bedenkt man, was die Deutschen und die Russen in dieser Zeit Polen angetan haben, versteht man, dass in diesem Lande nach 1945 nur ganz wenige bestrebt sein konnten, sich mit den Sprachen ihrer Untäter zu beschäftigen. Als Geschenk empfindet man es, jemandem zu begegnen, der ein wenig Englisch spricht. So geschah es HD und seiner Begleitung am Morgen des zweiten Tages: der Taxifahrer, der sie von der Peripherie ins Zentrum bringen sollte und die Italienität seiner Fracht bemerkte, hielt (in Englisch) eine begeisterte kulturelle Ansprache, die darin gipfelte: «Alles, was Sie in dieser Stadt sehen, ist italienischen Ursprungs», was nicht unwidersprochen bleiben konnte; das ausführliche Hin und Her der Argumente endete mit dem Vorschlag, die Italiener am übernächsten Tag für 45 Dollar nach Auschwitz zu begleiten..., und mit der Weigerung, Geld für die Fahrt in die Stadt anzunehmen.

Im Reiseprogramm hatte man Auschwitz nicht vorgesehen, ja, es war HD nicht einmal als einbeziehbar in den Kopf gekommen. Nun wurde es ihm plötzlich zum eigentlichen Inhalt der Reise, nach 47 Jahren den Ort wiederzusehen, wo ihn vom März 1942 bis November 1944 sein ziviler Kriegsdienst zehnmal zur Baustelle der IG Farben geführt hatte. Im Juli 1943, als das Morden seinen Höhepunkt erreicht hatte – auf der Baustelle sprach nun jeder davon –, wurde für HD die Einsicht unausweichlich, dass die grauenvollen Untaten des NS-Regimes nur durch die mit allen Mitteln herbeizuführende Niederlage enden würden. Er beschloss daher, von nun an das ihm Mögliche zur Beendigung des Krieges beizutragen.

Die Fahrt nach Auschwitz durch das schöne, leicht hügelige, landwirtschaftlich genutzte Land war bewegend in der sich mit jedem Kilometer steigernden Erwartung. Nur wenige Einzelheiten erinnerte HD, diese wollte er unbedingt wiedersehen. Das sollte jedoch nur spärlich gelingen, weil aus dem Auschwitz-Dorf von damals eine kleine Stadt mit mehr als 30.000 Einwohnern und aus dem Bunawerk eine ganze Chemiestadt geworden war.

Als erstes liess er sich zum Bahnhof bringen, und siehe da, da wartete noch ein ganz kleiner Teil des alten, einem Stall ähnelnden Schuppens auf den Abriss. Aber auch dem Neubau schien ein Bahnsteig vorenthalten zu werden. HD, ein wenig enttäuscht, nahm Abschied von «seinem» Bahnhof, der Symbolcharakter für sein weiteres Leben bewahrt hatte und bewahren wird.

Dann ging HD, verständnisvoll unterstützt vom Taxifahrer, auf die Suche nach zwei Anhöhen in unmittelbarer Nähe des damals im Bau befindlichen Werks. Eine hatte die Baracken getragen, in denen die von HD betreuten italienischen Baufirmen mit ihren 3000 Arbeitern untergebracht waren. Man konnte von dort, ganz nahe, die riesige Baustelle überblicken und in der Ferne (ca. 4 km) die Krematorien von *Birkenau* rauchen sehen. Von dieser Anhöhe war nur noch ein kleiner Rest einer augenscheinlich in das grosse Chemiewerk einbezogenen Erdbewegung vorhanden. Vom zweiten Hügel, ganz in der Nähe, auf dem sich das Gästehaus der IG Farben befunden hatte, fehlte jede Spur.

Damit endete das «Wiedersehen» mit dem Erinnerten, und so fuhren die drei Besucher zum «Museum Auschwitz», dem ursprünglichen, in alten polnischen Kasernengebäuden untergebrachten Konzentrationslager. Leider war die Zeit viel zu kurz geworden, jedoch für jemanden, der die damalige Schreckensatmosphäre nie hat vergessen können und nie wollen, genügte das wenige, entsetzliche Gesehene als handgreifliche Illustration des vielen Gelesenen.

Es folgten nur kurze, aber deswegen nicht weniger erschütternde Minuten in *Birkenau*, dem eigentlichen Ort der Tötungs-Grossanlage mit ihrer tausendfach abgebildeten riesigen Eingangspforte und den Geleisen für die Züge mit den Todesopfern.

Schweigend fuhren die Besucher nach Krakau zurück.

Gegen 16 Uhr des gleichen Tages ging HD's und Luisas Zug nach Wrocław (Breslau). Man war, nichts Gutes ahnend, eine halbe Stunde vor Abgang am in Umgestaltung begriffenen Bahnhof, für Fremdlinge so chaotisch, dass es den beiden erst in letzter Minute gelang, am Ende des riesig langen Zugs im Wagen 1.Klasse zwei Plätze zu finden, worauf sich der Zug pünktlich in Bewegung setzte. In Katowice wollte HD feststellen, ob sich am Kopf des Zugs auch wirklich eine Art von Speisewagen befände. Rüstig sich auf dem Bahnsteig durch die unzählbare Masse Menschen drängend war er gerade am gewünschten Ziel angelangt, als ihn nur ein Sprung auf das Trittbrett des anfahrenden Zugs daran hindern konnte, in Katowice zurückzubleiben. Das war ein rasch vergessener Vorgeschmack der eigentlichen Angst, die nicht lange auf sich warten liess.

Alles ging nun unter in dem einsetzenden Drang, zu «seinem» Waggon zurückzugelangen. Die Fülle im Zug war unbeschreiblich: die Gänge waren doppelt bevölkert: zu Füssen der Stehenden lag auf dem Boden die andere Schicht Mensch an Mensch so eng, dass HD mit jedem Schritt von sich fordern musste, nicht auf Lebendes zu treten... aber beide Schichten schienen «guter Dinge». Nach der erschöpfenden Überwindung der sieben oder acht Waggons in mehr als 20 Minuten gelangte er, zunächst glaubte er das, endlich zu «seinem» Waggon. Jedoch, kraftlos wie er nun war, übersah HD Luisa, vielleicht weil er gerade wieder einen Liegenden überspringen musste, oder auch weil die Gesichter in «ihrem» Abteil in Katowice gewechselt hatten. Es schien ihm nichts anderes übrigzubleiben, als die Suche fortzusetzen und so gelangte HD, immer besorgter, ans Ende des langen Gangs; als er sich anschicken wollte, die Fenstertüre zum nächsten Waggon zu öffen... da! oh Schreck! da war kein Waggon mehr, sondern nur blitzende enteilende G e l e i s e !! Furchtbare Angst durchzuckte ihn, und im gleichen Augenblick erschienen vor seinen inneren Augen die Geleise von *Birkenau*, deren Anblick ihn noch wenige Stunden zuvor mit Grauen erfüllt hatte... nie werden sie «enteilen» können.

Es gab keinen Zweifel, der Teil des Zugs, in dem Luisa nun allein sass mit allem, von ihr selbst in Krakau erheblich angereicherten Gepäck, wer weiss, ob mit genügend Geld!, war in Katowice abgetrennt worden und fuhr wahrscheinlich gar nicht, oder gar auf vielen Umwegen nach Breslau. Wie und wann sollte man sich bloss wiederfinden?!

Im Abteil nahe der mit ihrer anhaltenden Unendlichkeit nicht scherzenden Geleise machte HD einen jungen, Englisch stammelnden Mann ausfindig und flehte ihn um Rat. Ergebnis: von einer Teilung des Zugs in Katowice sei nichts bekannt, HD solle die Suche nun in der Zugrichtung wieder aufnehmen. Weiter vor Angst zitternd folgte er dem Rat und siehe da, vorne im zweiten Abteil sass Luisa lächelnd: «Wo warst Du denn die ganze Zeit?» HD sank wortlos auf seinen Platz, und nur langsam wich die Angst in ihre Erzählschranken zurück, aber nachvollziehbar blieb sie noch viele Tage lang.

Am Abend, ganz in der Ordnung, kam man in Breslau an; das von allen Polen-Reisenden geschätzte, nur kärglich verkommene Hotel Monopol nahm Luisa und HD überaus freundlich auf, und so konnte nun das ursprüngliche Reiseziel – Krakau und Auschwitz waren ja erst zuletzt hinzugekommen – anvisiert werden: KREISAU!

Das Landgut Kreisau war bis 1945 der Besitz von H.J. v. Moltke, dem Mittelpunkt einer der politisch umfassendsten deutschen Widerstandsgruppen; ihr gab die Gestapo den Namen «Kreisauer Kreis». HD gehörte zwar nicht zu dieser Gruppe, war aber in ständiger wissender Verbindung mit seinem gleichaltrigen Schwager Moltke und seiner in Kreisau lebenden Schwester. Sein ziviler Kriegsdienst führte ihn vom März 1942 bis November 1944 regelmässig zu den drei Chemie-Grossbaustellen in Oberschlesien; nach den entsetzlichen Dingen, die er dort immer steigernd erfuhr, wurde Kreisau für ihn in den ersten zwei Jahren eine Art moralische Zufluchtstätte; 1944, nach Moltkes Verhaftung wurde dessen Schicksal Hauptmotiv der Besuche bei seiner Schwester.

Es fehlten nur fünf Monate an 47 Jahren, nach denen HD Kreisau bei strahlendem Sonnenschein in Begleitung von vier ihm lieben Frauen – einer Schwester, einer Frau, einer Tochter und einer Enkelin der ersteren (in Altersrangfolge) – wiedersah. Dass er am Tage zuvor bei strömendem Regen das zusammenfallende Schloss und die für Mazowiecki und Kohl weiss getünchten Stallgebäude gesehen hatte, zusammen mit einem Omnibus voller Polen und Deutschen, die dabei sind, aus Kreisau eine internationale Begegnungsstätte zu machen, spielte für ihn eine untergeordnete Rolle: s e i n Kreisau sah er erst am nächsten Tag! Die weite Landschaft war die altvertraute, das «Berghaus», wo seine Schwester gelebt hatte, war in einem erträglichen Zustand, so dass HD liebevolle Blicke hinauf zu den von ihm bewohnten Fenstern werfen konnte, und der kleine, bahnsteiglose Bahnhof war «ganz der alte». Nach dem Besuch im Berghaus, «geführt» von einem alten Mann, der 1944 mit der Polnischen Legion über Russland, Irak, Ägypten für zwei Jahre nach Italien gekommen war und deshalb ein wenig Italienisch erinnerte, gingen HD und seine Begleiterinnen – immer bei strahlender Sonne – den so bekannten Weg zum Bahnhof hinunter, wo ihn seine Schwester für ein Foto umarmte... wie vor 47 Jahren! Sicher, es war bewegend, aber auch so sehr gegenwärtig, dass dies Wiedererleben nur Freude verursachte.

September 1991

GRÜNER TALBOT

«Vous avez causé, n'est pas!?» lächelte ein wenig mitfühlend, ein wenig belustigt ein Pariser Busfahrer von seinem damals noch nicht verglasten Führersitz hinunter auf den grünen *Talbot*, der sich bei der Berührung mit einem Riesenvorderreifen des bei der Orangerie haltenden Busses einen eingebeulten Kotflügel geholt hatte.

Sie, der erst kaum einen Monat verheiratete Chronist (HD) und seine auch nicht länger verheiratete Frau (Dickie) hatten gar nicht «causé», sondern die überabgefahrenen Reifen hatten ihr uraltes Automobil an einem Spätnachmittag des Monats August 1934 auf dem soeben von einem Sprühregen genetzten Pflaster ohne Übereifer gegen den Autobus schlittern lassen. Da waren noch gerade drei Tage bis zur geplanten mehrwöchigen Reise, zu deren Gunsten HD's Jahresurlaub mit der aufgesparten Hochzeitsreise verlängert worden war, und so konnte der Kotflügel rechtzeitig zusammengeflickt und mit dem gleichen grünen Anstrich (nicht Lack!) wie das übrige Vehikel versehen werden.

Wie kamen die alles andere als mit Geldmitteln üppig versehenen Jungvermählten so bald zu einem «fast» eigenen Auto? Das Notwendige zu beider Gegenwart in Paris und zu ihrer Eheschliessung wurde bereits in *Vier Teller in Scherben* abgehandelt. HD arbeitete also seit dem 1. Mai 1934 in der Filiale der IG Farben; wiederum war ihm das Schicksal hold: kaum hatte er dort die ersten Schritte getan, musste ein Mitarbeiter, der gleichzeitig lokaler NS-«Ortsgruppenleiter» war (bekanntlich unterhielt das NS-Regime zur Beaufsichtigung der Auslandsdeutschen und zu Spionagezwecken in allen grösseren Städten der Welt «Ortsgruppen der NSDAP») wegen Veruntreuung entlassen werden, so dass HD sofort regelrechte Arbeit fand. Diese brachte ihn in Berührung – und Freundschaft – mit einem zehn Jahre älteren Slowenen, der, schon seit langem in Paris ansässig, während des Krieges zu einem geschätzten Informanten von Helmuth Moltke wurde.

Dem lieben Zdenko Sajovic fehlte 1934 zweierlei: eine Frau und ein Führerschein mit Auto. Nur des letzteren konnte sich HD annehmen, mit dem Ergebnis, dass der von ihm erteilte Fahrunterricht beinahe zum Bruch der Freundschaft geführt hätte, wäre ihm nicht der gemeinsame Erwerb eines auf Sajovic's Namen angemeldeten Autos zweitester Hand zuvorgekommen. Es war ein hellgrüner offener Viersitzer, dessen einzig Vertrauenerweckendes im Namen *Talbot* bestand. Sein ungewisses Alter, die nicht bekannte Anzahl der Vorbesitzer und der gefahrenen Kilometer rechtfertigten seinen unscheinbaren Kaufpreis; jedoch, so «ausgestattet» tat der «grüne *Talbot*», wie wir später sehen werden, sechs Monate lang – mit gewisser Zurückhaltung, sprich Reparaturen – ansprechende Dienste.

HD vor 27 und seine Frau Dickie vor 22 Jahren geboren, waren in einem für ihre überaus glücklichen Lebensumstände besonders zugänglichen Alter: nicht in NS-Deutschland, wohl aber im Paris von 1934, eine neue Sprache, eine neue Arbeit, eine eigene Wohnung und dabei, ihre Heirat und die erste «verheiratete» Reise vorzubereiten, man sollte meinen, für anderes, sie nicht direkt Berührendes sei kein Raum gewesen. Gefehlt: alles blieb überschattet von dem Grässlichen, das Tag für Tag in Deutschland vor sich ging, nicht nur von der Unbill, die Freunde und Bekannte direkt getroffen hatte, sondern auch davon, wach und machtlos Zeugen sein zu müssen, wie alles dem Vorausgesehenen schauerlich entsprach.

In den ersten Monaten des Jahres war es den Nazis einigermassen gelungen, die Welt glauben zu machen, ihr Regime sei zu einer auf Legalität basierenden Normalisierung gelangt. Als dann Hitler und seine Mittäter am 30.Juni 1934 («Röhmputsch») und den zwei folgenden Tagen daran gingen, die ihnen angeblich gefährlich werdenden Konkurrenten aus den eigenen Reihen und eine Anzahl anderer, skrupellos mit Bedacht ausgesuchter Gegner – vergangene und zukünftige – zu ermorden, löste das ausserhalb Deutschlands einen heftigen Schock aus; aber es gelang Goebbels, das Geschehene zu verharmlosen, sogar zu «rechtfertigen»: ja, blutig sei's gewesen, aber notwendig, um einen geplanten Staatsstreich gerade noch zu vereiteln! Selbst heute begreift HD nicht, warum die französische Presse darauf so «gehorsam» reagierte, dass einige Tage später niemand mehr davon sprach. In Paris blieb man ohne wahre Kenntnis der verbrecherischen Einzelheiten und der vollständigen Liste der Gemordeten, insbesondere wusste man nicht, wie die Deutschen selbst auf diese neue

Art des «staatspolitisch gerechtfertigten» Tötens reagiert hatten.

Als kurz darauf der «grosse Onkel» (er war gross an Gestalt, Nr.1 der Familie und gross als einer der sieben Entscheidenden der IG Farben, im übrigen aber ein gebildeter und recht lieber Mann) nach Paris kam, erhoffte sich HD, er werde von dem Entsetzen der Deutschen berichten und die Ermordeten kommentieren. «Weisst Du», antwortete der mit Fragen Bestürmte, «wenn die Herren sich untereinander umbringen, kann es uns ja nur recht sein!» Solch ein Zynismus verschlug HD die Stimme... und ein Jahr später musste er leider feststellen, dass selbst die in dieser Antwort enthaltene Distanzierung vom NS-Regime dem «Mitlaufen» des Onkels gewichen war.

Derselbe war 1935 wieder nach Paris gekommen, diesmal zum Galoprennen in Longchamps, wie jedes Jahr am letzten Juni-Sonntag, ein Termin, den er im Cutaway eisern einzuhalten pflegte, selbst Hitler konnte ihn davon nicht abhalten. Übrigens war der Onkel selbst dem Reiten abhold, nicht so seine in jeder Hinsicht bemerkenswerte, auch von HD dankbar geschätzte Frau. Mit dem Alibi in Gestalt der «SA-Lieder» auf dem Tisch ihres Wohnzimmers ritt sie ausschliesslich arisierte Pferde (ihr ursprünglicher Reitmäzen war Carl v. Weinberg), und tat dies noch im Sommer 1942 (von gesellschaftskritischem Interesse wäre es zu erforschen, wie, wann und wozu diese Pferde nun arisch getarnt dem Konzentrationslager entgangen waren). Kurzum, die Reiterin fiel vom Pferd und tat sich dabei so weh, dass sie eine Krücke zur Hilfe nehmen musste, als sie im Sommer '42, wie so zahlreiche Gattinen der kleinen und grossen deutschen Bosse, das besiegte Frankreich mit ihrem x-ten Besuch beehren wollte. (Es hiess, sie müsse sich um die sozialen Belange der Belegschaft der von der IG Farben einverleibten französischen chemischen Industrie kümmern!!)

Am Gare de l'Est wurde sie von einem HD befreundeten («...sind Sie ein Nazi-Gegner? dann stelle ich Sie an!» hatte HD drei Jahre zuvor in Frankfurt zu ihm gesagt), bei dieser wichtigen Gelegenheit Attaché-Dienste verrichtenden Angestellten der IG Farben empfangen. «Ich habe mich beim Roten-Kreuz-Dienst verletzt.» «Das tut mir leid, gnädige Frau, aber ich wusste bisher nicht, dass man diesen Dienst zu Pferde verrichtet.» … Eisiges Lächeln der Rote-Kreuz-Schwester … und zu Attaché-Diensten wurde HD's Freund nicht mehr befohlen. Der Leser wird Verständnis dafür haben, dass ihm diese wahrlich historische Episode nicht vorenthalten werden konnte, auch wenn ihm jetzt ein Rücksprung um sieben Jahre zugemutet wird.

1935 ermunterte der Onkel das junge Paar – HD und seine Frau – mit ihm zum Pferderennen nach Longchamps zu kommen und gab zu verstehen, sie sollten eine derartig einmalige Gelegenheit, bis in die Höhen der Gesellschaft vorzudringen, nicht ungenutzt lassen. So weit wollten sie zwar gar nicht vordringen, aber neugierig waren sie doch, und so sagten sie zu. Als es daran ging, sich der Sitte gemäss festlich einzukleiden – auch um sich dem Cutaway des Onkels wenigstens anzunähern – stieg ihr Unbehagen; sie empfanden das Ganze als ihnen und der Zeit ungemäss, allerdings weit entfernt davon, sich deshalb besser zu dünken als die abertausenden Longchamps-Besucher. Ihre Aufnahmefähigkeit war wohl von anderem zu sehr in Anspruch genommen ... und blieb es. Der Tag hatte auch sein Gutes, er kam einer Impfung gleich, ähnlich wie es HD acht Jahre zuvor in München ergangen war, nachdem er einen ganzen Wintermonat mit weissbehandschuhten bajuwarischen Aristokratentöchtern getanzt hatte. Gegen beide Arten von Versuchungen war er fürderhin gefeit.

Bevor 1934 die mitteleuropäische Autoreise angetreten wurde, hatte es eine andere nicht unwichtige «Impfung» gegeben: HD's erster und einziger Warenhausdiebstahl! Seine liebreizende Frau und er hatten ihre kleine möblierte Behausung in einem Seitensträsschen der Avenue de la Grande Armée und pflegten im Viertel der Avenue des Ternnes einzukaufen. Dort «grünte» einer der ersten «Supermarkets», wo sie ein gläsernes Essig- und Öl-Gefäss kauften, eines der Sorte, denen entgegen aller Erwartung im letzten Augenblick eine Umarmung ihrer Hälse untersagt wird, damit jeder seine Flüssigkeit hergeben kann, ohne dass durch die Neigung des Tätigwerdenden der andere überläuft. Zu Hause angelangt, sprang einer der Glasstöpsel aus der Einkaufstasche und zerschellte auf den Kacheln des Küchenbodens. Was tun? So billig, dass man einen «Totalschaden» hätte hinnehmen können, war das Gefäss auch nicht... so kehrte HD ins Warenhaus zurück und s t a h l den Stöpsel von einer noch eines Käufers harrenden Flasche. Diese invalide zurückgelassen zu haben, hat HD nie verwunden, und so stahl er nicht wieder.

Mitte August, an einem Freitagspätnachmittag trat man die lang geplante Autoreise an. Das erste Etappenziel war Grundlsee im österreichischen Salzkammergut, das man gut ohne Berührung von NS-Deutschland erreichen konnte. Die Hauptperson war fraglos der grüne *Talbot*, der nun Richtung auf Sens nahm. Bei gedecktem, ein wenig tröpfelndem Himmel dunkelte es rasch und, als HD die Scheinwerfer einschaltete, versagte der Motor!! Das gab einen Stich ins Herz: Wenigstens für die ersten fast 1000 km bis Grundlsee hätte *Talbot* seine Mitarbeit nicht versagen sollen, dort hätte es dann eine befreundete Werkstatt gegeben. Im Zwiegespräch mit dem Versager entdeckten die Reisenden jedoch sehr schnell, dass ein leichter Druck von Dickie's Hand auf das Schaltbrett genügte, um den Motor nicht aussetzen zu lassen. Wieder einmal ein Beweis dafür, dass man zu zweit doch besser vorwärts kommt; aber übertreiben soll man's auch nicht, und so beschloss man zu dritt, die Reise in Sens – nach nur 100 km – zu unterbrechen und alles zum Start beim ersten Morgenlicht vorzubereiten. So geschah's und gegen Mittag des nächsten Tages erklomm *Talbot* mit Schwung den Grimselpass, stieg steil ins Tal herab und schickte sich an, in ebenso steiler Fahrt den Furkapass hinaufzusteigen, wo mittägliches Ausschnaufen vorgesehen war. Es gelang, aber nur nach Überwinden eines zweiten Erschreckens! Als *Talbot* anhob, den zweiten Pass zu ersteigen, erfüllte er die ganze Talsohle mit tiefblauem Dunst; dass es sich um verbranntes Öl handelte, war eindeutig, aber die ungeheure Menge liess befürchten, der Motor sei dabei, sein Leben auszuhauchen! «Jetzt ist alles hin, aber ich fahr mal weiter», und langsam liess der blaue Dunstausstoss nach, so dass die Drei in normaler Gangart die Passhöhe erreichten.

Damals gab's noch nicht so viele Autos in den Bergen, und absichtslos hatte sich der grüne *Talbot* neben eine riesige schwarze Maybach-Limousine gestellt, neben das teuerste und technisch raffinierteste Auto Mitteleuropas (es wurde nur in geringer Anzahl von den Zeppelin-Werken in Konstanz hergestellt; sein Motor war so stark, dass er anstelle einer normalen Viergangschaltung nur zwei Gänge hatte). HD fragte den Fahrer, wie er den Pass erklommen habe («mit dem direkten Gang») und wer der Besitzer sei. Die Antwort («Geheimrat Bosch») entzückte HD: der mächtigste Mann der IG Farben mit dem mächtigsten Auto neben dem kleinsten seiner Angestellten mit dem schäbigsten Auto!! Geheimrat Bosch kontrollierte nicht den Ölstand seines Motors, wohl aber HD, der dabei feststellte, dass der «grüne *Talbot*» in nur 500 km fast sein ganzes Öl konsumiert hatte; aber abwärts bis zur nächsten Tankstelle reichte es noch, und frohgemut taten die lockeren Kolben ihre Pflicht beim Überwinden von zwei weiteren Alpenpässen, dem «Arlberg» nach Innsbruck und der «Pötschen» nach Bad Aussee. Auf neue Schwierigkeiten verzichtend, gab *Talbot* seine Fracht in Grundlsee ab, und für die kommenden zwei Wochen stand er nicht mehr im Vordergrund... ausgenommen von einigen Besuchen bei Autoärzten.

Unvergessen bleibt diese Ankunft! Als nunmehr Zueinandergehörende kehrten Dickie und HD zum ersten Mal zu ihrer «Wiege» zurück, in die ihnen so innigst vertraute Welt um die Freunde Genia und Hermann Schwarzwald. Dort waren sie, jeder zu seiner Zeit (Dickie einige Jahre später als HD) und jeder auf eigene Weise «hochgezogen» worden; so waren beide bisher davon überzeugt gewesen, die Welt müsse so aussehen wie im Kreise ihrer Freunde, es gelte nur, sie in diesem Geiste weiter zu «verbessern».

Seit 1927 hatte HD hier seine Sommerferien verbracht: er kannte alle Menschen, alle Tiere, alle Steine und viele der treuen Sommergäste des «Seeblicks», eines alten Hotels, das Genia Schwarzwald in ein Sommerheim verwandelt hatte für Erwachsene, die ihre «Würde» ablegen, und für junge Menschen, die spüren wollten, was die den Nächsten achtende Freiheit bedeutet.

Die ersten Tage waren ausgefüllt mit Freuden des Wiedersehens und dem Geniessen der einmaligen Atmosphäre inmitten von Landschaft und Menschen, die bestrebt waren, zur Harmonie des Ganzen beizutragen. Aber es war doch sehr anders als früher. Allen waren die düsteren Ereignisse der letzten zwei Monate gegenwärtig: das Morden in Deutschland, die Auflösung des österreichischen Parlaments durch den Austrofaschismus, der zwei Wochen danach die Ermordung des Bundeskanzlers Dollfuss durch ein Nazi-Kommando folgte (dafür, dass sie die Nazis verjagten, musste man den Austrofaschisten sogar dankbar sein).

Unter den Gästen des Seeblicks gab es nicht nur Emigranten, nein, bereits auch Entwichene. Fraudoktor – so wurde Genia Schwarzwald von allen genannt – erhielt täglich unzählige Briefe aus den verschiedensten Ländern, Nachrichten von materiell und seelisch Hilfsbedürftigen... und sie konnte nur wenigen helfen! HD machte dabei eine für ihn neue, harte Erfahrung. In den sieben Jahren seiner Zugehörigkeit zum Schwarzwaldschen Freundeskreis hatte er sich nie gefragt, wer Jude sei und wer nicht. Ihm waren nur voll integrierte Juden begegnet, und so existierten für ihn keine Unterscheidungsmerkmale. Nun, plötzlich, verlangte man von ihm, solche zu bemerken, auch wenn sie nur darin bestanden, dass die Juden ausgesondert wurden... er selbst aber nicht.

Die trotz allem schönen Wochen in Grundlsee gingen rasch zuende. Nun galt es, sich wieder zum Aufbruch in die rauhere Welt zu rüsten. Der «grüne *Talbot*» wurde wieder wichtiges Element des Geschehens; die österreichischen Ärzte hatten zwar den Gesundheitszustand seines Inneren deutlich verbessert, aber nicht sein Äusseres. In Frankfurt, am ersten Ziel angelangt, musste er deshalb den kritischen Blicken von Nazipriviligierten mittels Verbergens in einer Seitenstrasse entzogen werden.

Nach Frankfurt führte sie die Einladung einer Anverwandten, die sich Dickies und HD's Assistenz bei ihrer Vermählung gewünscht hatte, ein Verlangen, das HD aus verwandschaftlichen und anderen Gründen nicht unerfüllt lassen konnte. Also schauen wir uns gleich den Hochzeitszug an, der sich in einem Frankfurter Wohnviertel vom Haus der Brauteltern zur zirka 500 Meter entfernten Kirche bewegte. Ihrem Alter und dem Verwandschaftsgrad entsprechend gehörten HD und seine Frau zu den letzten Paaren des Zugs, sie konnten mithin sein Formieren und sein Ingangsetzen kommentierend beobachten. In mancher Hinsicht war es ein historischer Zug. Wer hätte sich anderthalb Jahre zuvor, vor der segensreichen, alles ordnenden «Machtergreifung» vorstellen können, dass sich ein «kapitalistischer» Hochzeitszug frei und ungestört durch die Strassen einer Grosstadt bewegen würde!? Aber er tat es tatsächlich, und, wie man sieht, gab es sich solcher neuen Freiheiten Bedienender.

Wie sich das gehört, eröffneten den Zug die Braut am Arm des Brautvaters, beide so recht, wie es sein soll, ihrer Rolle strahlend bewusst. Die Wahl des Ehegatten hatte ursprünglich nicht den Beifall der Brauteltern gefunden. Der Erkorene hatte keinen Beruf, und zu seinem angeblich von der Universität Leipzig verliehenen Doktortitel konnte die dort seit langem ansässige, hochangesehene, NS-kritische Grosstante die Dissertation nicht ausfindig machen. Zum Ausgleich für diese Ungewissheiten gehörte er zum Stabe von Ernst Röhm, dem ausschlaggebend an der Machtergreifung beteiligten Stabschef der SA. Dem Bräutigam war das Schicksal überaus hold: als sich Röhm zusammen mit den Seinigen am 30.Juni an einem der bayerischen Seen auf die Schlachtbank begab, hatte sich der Bräutigam einige Tage Urlaub geben lassen. Dass ihn die Geschehnisse des 30.Juni 1934 schnellstens in die Arme der Mörder, nämlich der SS, eilen liess, ist verständlich, ebenso dass er dank der Verbindung des Brautvaters mit dem NS-Aussenminister v. Neurath ohne weiters in den «Auswärtigen Dienst» übernommen wurde. Als Bräutigam – in welcher seiner Uniformen entzieht sich der Erinnerung – folgte er am Arm seiner ein wenig verlegen dreinschauenden Mutter.

Dann erst aber kam der eigentliche Clou des Zuges: die Brautmutter! In einem langen dunkelgrünen Samtkleid mit einem Kopfschmuck und auch sonst mit reichen, höchst geschmackvoll verteilten Juwelen ausgerüstet, schien sie einem Gemälde von Gainsborough entstiegen zu sein: die eben auf ihrem Pferde heimgekehrte Landherrin. Mit Recht galt der Applaus der Zuschauer in erster Linie ihr und dies entsprach augenscheinlich auch ihren Erwartungen! Nach der Trauung formierte sich der Zug vor der Kirche auf's neue, diesmal natürlich angeführt vom Brautpaar, bewegt gefolgt von den drei Eltern.

HD erinnert nur noch die Abfahrt des Brautpaars – nach einem ausgezeichneten Festmahl – in einem blinkenden riesigen dunkelblauen Horch-Kabriolet (zweiter Hand, versicherte man)... und die Flucht von HD und seiner Frau zu ihrem verborgenen «grünen *Talbot*», mit dessen treuer Hilfe sie noch am gleichen Abend, tief Atem holend, die französische Grenze überschritten!!

Oktober 1991

DER SILBERNE BECHER,

in sein und das Leben des Chronisten (HD) vor mehr als 84 Jahren eingetreten, ist heute noch genau so gut beisammen wie am ersten Tag. Seine silberne Erscheinung hat folgende Ebenmasse: der Fuss ein Durchmesser von 47 mm und da wo man trinkt ein solcher von 65 mm, beide 87 mm konisch ohne Ornamente miteinander verbunden; Gewicht 180 Gramm: ein Nachzeichner würde sogleich feststellen, dass unser Becher seine Liberty-Herkunft nicht verleugnen kann, was auch das kaum noch zu entziffernde «HD»-Monogramm bestätigt. Innen schmückte ihn einst ein zart-güldener Hauch, der mit den Jahren, solidarisch mit seinem Ersttäufling, vergangen ist. Mit weniger überzeugenden Ebenmassen hätte er ganz gewiss zufrieden das Leben eines normalen Bechers geführt; er wurde aber von HD «absichtslos» dazu gebracht, in entsprechender Anzahl vermehrt, zum Sinnbild für das erfolgreiche Bemühen aller Beteiligten um Gemeinsamkeit beim täglichen Tun zu werden.

Klar, es handelt sich um einen Taufbecher, eine Eigenheit, die er bis heute eisern, wenn auch silbern beibehält. Ins Haus gelangte er als Geschenk einer zur Patin bestimmten Freundin von HD's Mutter.

Die ersten zwei Jahre, bis HD ihn in seinen kleinen Händen zu halten vermochte, dürfte er wohl mit geduldigem Warten in einem Schrank verbracht haben... aber dann ging's los! Lange Zeit trank HD aus ihm «bei Tisch», doch eines Tags – noch in dessen Elternhaus –

wechselte der Becher über zu einer anderen Täglichkeit: er begrüsst HD jeden Morgen zum Zähneputzen. Ab 1951 musste er das oft unterbrechen, jeweils wenn es galt, sich die Masse für die getreue Fertigung von Nachkommen nehmen zu lassen, die es dann ihrerseits übernahmen, Neugeborene – Kinder der an der gemeinsamen Arbeit Mitwirkenden und anderer Freunde – auf Erden willkommen zu heissen. Dass der Becher damit zu einem Symbol wurde, sollte sich jedoch erst im Laufe der Jahre herausstellen.

Schon seit langer Zeit, mit Erwiderung in HD's Herz geschlossen, ist Carlo Vezzelli sein Nachbildner, ein echter Mailänder, der sein Gold- und Silberschmied-Handwerk unermüdlich, kenntnisreich, freudig, kritisch und humorvoll im Dachgeschoss von Via Montenapoleone 2 betreibt. (Letzthin sagte er zu HD: «Sie, immer der gleiche, nicht e i n blondes Haar!»)

«Putz' deine Zähne, mit wem du willst, aber langweile uns nicht damit», ...hört man die (wohl Besseres gewöhnten) Leser brummen und versucht sie mit dem Hinweis zu beschwichtigen, dass es dem Becher nicht schlechter gegangen ist als HD und vielen anderen, die langwierige, umwegreiche Vorleben in Kauf nehmen mussten, bis sich ihre wahre Bestimmung erfüllte. Für den Becher hiess das, in Italien ab seinem 44.Lebensjahr zum Symbol aufzurücken; wohlverstanden, ausgesprochen wird das hier zum ersten Mal, er selbst hat sich dazu stets seiner Natur entsprechend schweigend und beifällig lächelnd verhalten.

Nach wochenlangem, verschiedenartigem Zweifeln bleiben HD Bedenken, ob er imstande sein wird, den gütigen Lesern und sich selbst unzweideutig verständlich zu machen, was ihn und seine Frau im Spätsommer 1948 zu dem Entschluss bewogen hat, Deutschland zu verlassen... und in Italien sterben zu wollen.

Sicher war es mehr als die im Sommer 1948 unaufschiebbar gewordene Suche nach einem sicheren Broterwerb; das letzte HD für den Monat Juni schon in DM ausgezahlte Gehalt als Spruchkammerpräsident von Bad Homburg war dabei, seinem Ende entgegenzugehen. In Deutschland hätte er an seine Vorkriegsarbeit (IG Farben) anknüpfend wohl Arbeit finden können, aber in die alte Enge wollte er keinesfalls zurückkehren.

Ende 1950, in Milano, erdreistete sich HD's nun bei Bayer tätiger ehemaliger Vorgesetzter, ein kaum älterer, intelligenter, gewöhnlicher NS-Mitläufer zu behaupten, der Krieg habe das normale Arbeitsleben doch nur kurz unterbrochen; HD fühlte sich seiner inzwischen erlangten Freiheit so sicher, dass er sich wohlgefällig erlaubte nicht zu widersprechen, wohl aber dem Gesprächspartner freundlich zu verstehen zu geben, er möge seiner Wege gehen. Auf die Belieferung mit Bayer-Farbstoffen verzichtete er gerne. (Erwähnt sei noch, dass es der gleiche war, der 1940 am Tage nach dem Sieg über Frankreich zu HD sagte: «Ich seh' Sie zum ersten Mal zufrieden; so gefällt der Krieg wohl auch Ihnen?» Die Antwort: «Ja... weil man hoffen kann, dass er nun zu Ende ist» erntete nur ein verständnisloses Kopfschütteln.)

Gewichtiger als das Finden eines Broterwerbs – von dem allein man sich nicht bestimmen lassen dürfe, hatte Eugen Rosenstock Huessy so überzeugend gesagt – war es, dass HD, «Sieger»-gleich mit grossen Erwartungen auf das nun mögliche Neue (nicht «Erneuerung») nach Hause zurückgekehrt, nach drei Jahren zutiefst enttäuscht war von dem Mangel an geistiger Beziehung der Deutschen untereinander und, unverzichtbare Voraussetzung für das Neue, von ihrer Unfähigkeit, die Verantwortung für das verbrecherische NS-Geschehen auf sich zu nehmen; es fehlte allenthalben an schattenloser Gemeinsamkeit. Einiges mag sich später ein wenig gebessert haben, aber 1948 hatte HD des Wartens – vom 26. bis zu seinem 41. Lebensjahr – genug.

Die Verwirrung in Wissen und Gewissen kannte damals keine Grenzen: so gab es das Sich-Wehren gegen die «Kollektivschuld», mit der bequemen Schlussfolgerung: wenn man «kollektiv» nicht schuldig sein könne, so sei man eben jeder Verantwortung bar. Man konnte voraussehen, wie an die Stelle der «Dolchstosslegende» nach dem Ersten – die Führungsschicht ist ja immer unschuldig – nach dem Zweiten Weltkrieg die «Kollektivschuld» treten würde, die eine aggressiv, die andere defensiv.

Das Verlangen nach kleinen wahren, für jeden übersehbaren Gemeinschaften, von denen das Neue hätte ausgehen sollen, blieb ungehört (man verwechselte weiter «Gemeinschaft» mit der unseligen nie existierbaren «NS-Volksgemeinschaft»).

Zum Wirrwar trugen die Alliierten bei mit der vorzeitigen Erlaubnis zum Wiederaufleben der glücklosen Weimarer Parteien und mit den törichten Befehlen zum «Entnazifizieren», töricht, weil es das Heer der kleinen *schuldlosen* NS-Parteigenossen verunsicherte und, auch wegen der befohlenen zeitraubenden Beschäftigung mit diesen, die den tatsächlichen Verbrechern und ihren Beihelfern, den *unabkömmlichen*, die Wege ebnete.

Wo das Abkehren von der «Kollektivschuld» nicht hinreichte, forderte man bedenkenlos zum «Vergeben» auf, ohne gewahr zu werden, dass es auch beim Vergeben ein «kollektives» Objekt nicht geben kann. (Den Nazis kann i c h doch nicht vergeben, dass sie die Mutter meines Nachbarn ermordet haben.)

Viel später, immer wieder befragt, weshalb er das Land verlassen habe, gab HD sich selbst den umfassenden Ehrentitel «Adenauer-Flüchtling».

(Zwischenbemerkung: «42 Jahre danach»: die Neuauflage (west)deutscher Überheblichkeit und Unduldsamkeit, von der sich die Deutschen selbst stets ausschliessen, veranlasste 1991 einen befreundeten Zeitgenossen daran zu erinnern, dass «wir 1945 nur zwölf Jahre NS zu überwinden hatten und deshalb noch wussten, wie man *es* macht, während unsere östlichen Nachfahren sich nach 59 Jahren Dunkelkammer, ohne schlecht und recht an eine Vergangenheit anknüpfen zu können, in einer keineswegs fleckenlosen Helle zurechtfinden müssen.»)

Nun soll niemand glauben, die HD so sehr berührenden Aspekte des deutschen Versagens nach 1945 seien die direkte Veranlassung zum Verlassen des Landes gewesen, der Anstoss dazu kam vielmehr aus Italien. Freunde und Bekannte, teils aus dem italienischen Widerstand, teils aus der Vorkriegsarbeit hatten einander im Interesse daran gefunden, wieder mit chemischen Produkten der Vorkriegspalette der IG Farben versorgt zu werden, wichtig in erster Linie für die Textil- und Leder-Industrien, und versicherten, wie sich bald herausstellen sollte, mit Recht, HD sei der richtige, um die erhofften Lieferbeziehungen mit den «IG-Nachfolge-Gesellschaften» in Gang zu bringen. HD war davon zunächst nicht überzeugt, aber die Aufforderung schmeichelte ihm, ganz besonders weil sie aus Italien kam, aus dem Land, dem er sich dank dreijähriger Einigkeit im Bekämpfen des Bösen stärker verbunden fühlte als seinem «Vaterland», vor dem er sich zwölf Jahre lang nur hatte schützen müssen... im übrigen war er ja auch arbeitslos.

In der 2.Hälfte des Jahres 1948 trat für HD das politische Geschehen in der Welt in den Hintergrund, schliesslich galt es jetzt als erstes, alle Energien auf das Schaffen einer nicht nur materiellen neuen Existenz zu richten. Zu Beginn war er sich dessen noch nicht gewiss, aber sein durch Erfahrungen mit Italien angereicherter Instinkt liess ihn ahnen, dass er in Zukunft Materielles und Ethisches doch besser miteinander verknüpfen würde, als es ihm bisher gelungen war. Vieles, das während der zurückliegenden Jahre in ihm vorgegangen war, bedurfte noch des kritischen Bewusstwerdens. So wollte er bisher nicht recht wahrhaben, dass die unvermeidbare Einsamkeit, welche die Geschehnisse in den letzten Kriegsjahren und die eigenen durch sie notwendig gewordenen kleinen und schwerwiegenderen Entschlüsse mit sich gebracht hatten, im Grunde andauerte. Er spürte, das würde sich in Italien bessern.

Die Mailänder Freunde wollten HD davon überzeugen, dass er zum Gelingen ihrer Absichten vonnöten sei, und so luden sie ihn ein, im August 1948 nach Milano zu kommen. Zurück zu Hause sagte er zu seiner Frau: «Da ist nichts, oder doch nur sehr, sehr wenig, also gehen wir hin!» Nun fragte man ihn allenthalben, ob er glaube sich mit den Italienern besser zu verstehen als mit den Deutschen. Diese Frage freute ihn, weil er sie mit Überzeugung bejahen konnte. Wenn man ihren wohlbegründeten Antigermanismus – dieser löst Vorbehalte der Aussenwelt aus, dem Antisemitismus ein wenig ähnelnd: eine merkwürdige Mischung von Hochachtung und Abneigung – überwunden hat, sind die italienischen Menschen ohne Vorurteile, sicher ohne Überheblichkeit; sie sind weder launenhaft noch gleichgültig und allem zugänglich; vielleicht sind sie im Einzelfall weniger gründlich als man es sich wünschen möchte, dafür aber überaus geschickt im Improvisieren und an Regeln nicht gebunden; sie sind rasch und scharfsinnig, ohne sich dessen zu brüsten; sie arbeiten vorzüglich, wenn ihnen dazu sachlicher und moralischer Anlass gegeben wird. Mit ihrer Vergangenheit gehen die Italiener gut um, weil sie ihre Fehler – und Verbrechen – nicht zu beschönigen trachten. Man darf sich ihnen nicht überlegen fühlen, ...was man in der Tat ja auch nicht ist.

Um sich selbst und den Lesern das damalige die Deutschen angehende Geschehen ins Gedächtnis zurückzurufen, genügte die Erinnerung allein nicht, HD musste zum «Nachschlagen greifen». Er fand eine gehörige Menge, aber nur wenig davon wirkte sich direkt auf sein neues Leben aus! 1947 hatten die drei Westalliierten während der Frühlingskonferenz in Moskau auf deutsche Reparationen verzichtet, und im Juli des gleichen Jahres war der Marshall-Plan in Kraft getreten, zu dem die drei deutschen Westzonen am 1.Juni 1948 zugelassen wurden; am 18.Juni 1948 kam die Deutsche Mark zur Welt. Damit waren die Tore für einen regulären deutschen Export geöffnet, wichtige Voraussetzung für HD's Arbeit in Milano. Aber Italien war noch nicht so weit, auf Einfuhrbeschränkungen verzichten zu können. Darum ging's nun und um die Gefahr, HD's Aufenthaltsbewilligung könne nicht verlängert werden. Beides führte ihn im Januar 1949 nach Rom; am Abend des ersten, nicht gerade erfolgreichen Tages trostbedürftig, ging er «blindlings» in das nächste Kino, und erst nach einigen Minuten merkte er, dass der Film vom Schicksal eines Nordafrikaners handelte, dem man in Paris den Aufenthalt in Frankreich verwehrt hatte. Mit Recht hielt HD das für ein gutes Omen.

Um die Mittagszeit des 5.November 1948 gelang es den Mächten des Schicksals nicht, in HD's Speichen zu greifen. In Bellinzona blieb der Versuch eines Schweizer Autos, mit ihm und seiner Familie frontal zusammenzustossen, um wenige Zentimeter erfolglos, so dass im Taschenkalender vermerkt werden konnte: «17 Uhr

Ankunft Maccagno» (einige Kilometer vor Luino am Lago Maggiore). Für die nächsten 10 Monate nahmen die Einwanderer dort Besitz von einer kleinen für den Sommer eingerichteten, HD aus dem letzten Kriegsjahr gut bekannten Villa eines Freundes.

Als HD im November 1948 im nicht gerade hellen Innenhof von Via Podgora 13 (100 m entfernt vom Mailänder Justizpalast) die wenigen Stufen zum Hochparterre hinaufging, um als Angestellter Nr.9 die vier kleinen Büroräume der taufrischen Importfirma SASEA zu betreten, konnte niemand – am wenigsten HD selbst – ahnen, dass damit die ersten Schritte zu einer «Gemeinsamkeit beim täglichen Tun» für die nächsten 25 Jahre getan worden waren.

Der Name SASEA war sinnlos, denn die Firma hat sich nie mit «Solventi» (Lösungsmittel) oder «ed Affini» (Ähnlichem) befasst, sondern mit Farbstoffen, Pigmenten, Kunststoffen und anderen sie selbst und ihre Kunden anziehenden chemischen Produkten. Hier soll nicht die Geschichte der SASEA als kommerzielle Organisation erzählt, wohl aber der Versuch unternommen werden zu erläutern, wie und warum es allen Beteiligten zu verdanken ist, wenn hier eine ganz besondere Art von «Gemeinschaft» entstand. An jedem Monatsende wurden die Ergebnisse mitgeteilt und lösten, wenn sie wie meistens besonders gut waren, allgemeine Genugtuung aus. Einer der geschätztesten Mitarbeiter erinnerte erst kürzlich daran, wie das dann mit von HD aus dem Café gegenüber herbeigeholten «Boeri» (Pralinen mit Likörfüllung) «gefeiert» wurde.

Es blieb nicht aus, dass der SASEA der äussere Rock immer wieder zu eng wurde; zum ersten Mal löste dies im Sommer 1950 den Umzug in die Via Matteo Bandello aus, wo man sich in den nächsten Jahren mehrmals erweitern konnte durch Zukauf und Zumiete im gleichen Gebäude und «über die Strasse». Ihre «Freiheit» gaben die Mitarbeiter erst in der Via Rondoni auf, nachdem die BASF 1976 an die Stelle der Gründer getreten war.

Welche Freiheit? Jede mögliche nach innen und nach aussen, fussend auf uneingeschränkter Achtung vor- und zueinander. Natürlich gab es auch «dirigenti», aber sie wurden mit Erfolg angehalten nicht zu befehlen, sondern zu überzeugen, wozu die absolute Freiheit der Meinungsäusserung die Voraussetzung war; die gegenseitige Hilfsbereitschaft stellte eine andere wichtige «Freiheit» dar, die nicht nur der Arbeit, sondern auch der Teilnahme an den Höhen und Tiefen des anderen galt. Besonders kostbar war die Freiheit gegenüber «den Deutschen», nicht, wie man glauben könnte, nur für die Firmeninhaber, nein, für alle; so hatten bei der Arbeit auch die Deutschen nur eine «Waffe»: überzeugen. Um die Unabhängigkeit der SASEA zu erhalten, hinterlegten die Aktionäre ihre Aktien bei einem Treuhänder in Zürich mit der Massgabe, dass die Majorität im Falle mangelnden Wohlverhaltens der SASEA (z.B. Tätigwerden für Konkurrenten) auf die BASF übergehen solle. «Damit geben Sie sich ja ganz in unsere Hände», wunderte sich ein mit dem eigentlichen Wert von Freiheiten augenscheinlich nur wenig vertrauter Jurist der BASF. «Keineswegs, denn die Mitarbeiter der SASEA wollen die BASF ja nur zufriedenstellen, dies jedoch in Freiheit und in eigener Verantwortung!» Hilfloses Staunen war die Antwort.

An einem Samstagmittag – man arbeitete damals noch an sechs Tagen der Woche – wurde HD auf der Strasse von seiner Frau erwartet, die ihm anerkennend versicherte: «Die, die aus der Tür der SASEA kommen, lachen alle, die anderen machen trübe Gesichter.» Das war sicher übertrieben, aber es machte Spass es zu hören. Zum Lächeln trug wohl auch bei, dass die Verantwortlichen bestrebt waren, die Gehälter und die Anzahl der Urlaubstage ein wenig aus ihren damals sehr engen Tarifschranken zu befreien, und dabei nicht nur die Qualität der Arbeit, sondern auch die privaten Notwendigkeiten des Einzelnen zu berücksichtigen.

Die Umsätze entwickelten sich gut; HD konnte schon im Spätsommer 1949 verkünden, er könne sich jetzt eine neue Füllfeder leisten. Zwei Faktoren förderten den günstigen Gang der Dinge: in der ersten Zeit verkaufte die SASEA fast ausschliesslich Mangelware, die den Kunden von Technikern – zwei der Firmengründer mit einem Gehilfen – angeboten wurden, die von den Produkten dank ihrer traditionellen deutschen Vorkriegsschulung wirklich etwas verstanden.

Gleichzeitig rundeten sich die persönlichen Beziehungen unter den Mitarbeitern, und so war es kein Wunder, dass «endlich» der *Silberne Becher* auf der Bühne erschien: als erste forderte er am 15.11.1951 Patrizia P. auf, für ihr ganzes Leben der Teilnahme der Saseaner an ihrer Geburt gewiss zu bleiben. Die Schätzungen schwanken: es sollen in mehr als zwei Jahrzehnten 25 oder 30 seinesgleichen gewesen sein, die dem ersten Becher als Symbolträger der «SASEA-Gemeinschaft» gefolgt sind.

Der Becher kann nicht vergessen werden, dafür sorgt schon sein metallener Körperbau, während alles andere die damalige Gemeinschaft bereichernde von der blossen Erinnerung leben muss... mit einer kostbaren Ausnahme! Eine der Teilnehmerinnen besitzt eine von ihr selbst mit Bedacht angelegte fast vollständige Sammlung von Dokumenten zu den zahlreichen Veranstaltungen in den Jahren 1956 bis 1970: Weihnachtsessen, Kinderbescherung und jährliche Gemeinschaftsreisen; hier einiges davon:

Die sorgfältigen Tischordnungen waren äusserst wichtig für das Gelingen der Weihnachtsessen. HD und seine Gehilfen, wahre Zeremonienmeister, hatten stets die Genugtuung, dass es ihnen gelungen war, alle vor dem Empfinden zu bewahren, sie seien auf einem Nebengleis abgestellt worden. Mittelpunkt war allein der allseits verehrte Präsident, Enrico Hintermann, umgeben von den Gästen des Abends; alle anderen grossen und kleinen *dirigenti* wurden im Saal so verteilt, dass auch die «sich manchmal mehr Dünkenden» Gelegenheit hatten, zur Harmonie des Ganzen beizutragen. «Hab' ich Dir heute schon gesagt, dass ich Dir gut bin?» pflegte eine vor 1938 in Wien von vielen verehrte Pädagogin zu ihren Schülerinnen zu sagen; in der SASEA – HD empfand es immer so – waren alle zugleich Schüler und Pädagogen, die des immer wieder zu manifestierenden Wohlwollens der anderen bedurften und es genossen.

Nicht doch, die SASEA war weder etwas Aussergewöhnliches noch ihre Mitarbeiter gar engelsgleiche Wesen. Auch ein Karriere-Institut für HD war sie nicht; das Schicksal hatte es ihm «auferlegt», dieses zuerst kleine, dann rasch wachsende ganz gewöhnliche kommerzielle Gebilde zusammenzuhalten; so wurde er ungewollt zu seinem Steuermann, zu einem mit absichtslosen Absichten; sein Glück bestand darin, dass die meisten mit ihm die Arbeit Teilenden auch «absichtslos», nicht berechnend, die Absicht hatten, die Gemeinschaft «materiell und ethisch» zu fördern; die gemeinsame Erfahrung führte sie alle zur Gewissheit, dass einander gut sein allseits begehrte Früchte trägt. Ein Beispiel für viele: HD fand am 2.Januar 1956 auf seinem Schreibtisch den Glückwunsch: «Silberne Hochzeit von HD – ex IG Farben ab 2.1.1931. Wir Bevorzugten, die ihr Schicksal in Ihre Nähe gebracht hat, gratulieren Ihnen von Herzen, und danken der IG Farben, dass wir sie haben beerben dürfen...» Von wem der inzwischen 157 Mitarbeiter, die alle unterschrieben hatten, die Aktion ausgegangen ist, blieb Staatsgeheimnis. HD konnte nur bewegt mit dem Wunsch danken: «Machen wir alle weiter, einander gut zu sein!!»

Damit dieser nicht nur ein «frommer» wurde, bedurfte es der Wachsamkeit vieler, denn wie überall, wo zahlreiche Menschen in der täglichen Arbeit miteinander «auskommen» müssen, gab es auch in der SASEA Unverständnis, Egoismus und Missgunst; aber es gab auch viele grosse und kleine verantwortungsbereite Friedenstifter, das war die Hauptsache! Dazu fand HD in einem Tagebuch aus dem Jahre 1969 eine Anmerkung: «Heute unschönes Gespräch mit X; da habe ich mich mehr als zwanzig Jahre geweigert, ihn für einen widerlichen Kerl zu halten, aber er ist doch wirklich widerlich.» Zwanzig Jahre lang war es HD, wie man sieht, daran gelegen gewesen, zum Schutze der Gemeinschaft auch dem X gut zu sein.

1957 und 1962 fuhr die SASEA für drei Tage nach Deutschland, zu ihren Auftraggebern (Cassella in Frankfurt und BASF in Ludwigshafen). Beide Reisen dienten in erster Linie dem Zweck, den an der Zusammenarbeit von Nord und Süd Beteiligten die Anonymität zu nehmen, die Italiener von einer gewissen Scheu den Deutschen gegenüber zu befreien und das Vertrauen der Deutschen zu ihren italienischen Partnern zu stärken. Der Erfolg gab den «Berechnern» recht: die gemeinsame Arbeit bekam danach ein anderes Gesicht.

Alle anderen 1956 bis 1970 unternommenen Reisen, darunter nach Paris, Wien, Sizilien, Elba, Sardinien, Jugoslawien und die Schweiz galten «absichtslos» der Reiselust.

1965 blieb man auf dem italienischen Festland. Das Wetter war nicht gut und so trachtete man die Stimmung aufzulockern, und schritt am Abend in Assisi, während der Regen gegen die Scheiben trommelte, mit aufgerüsteter Laune zur Wahl von «Miss und Mister SASEA». Es sei HD verziehen, nicht mehr zu erinnern, wer «Miss SASEA» wurde – an schönen Mädchen mangelte es nicht – wohl aber, dass die Wahl des «Mister» ins Stocken geriet. Eindeutig der hübscheste und allseits geschätzteste war der junge Antonio, Assistent von Battista, dem grossen Vertrauten aller; die einstimmige Wahl sollte gerade vonstatten gehen, als Antonio mit allen Zeichen der Bedrängnis zu HD kam, er möge helfen, damit an seiner Stelle der unscheinbare, aber vertrauenerweckende, erst kurz zuvor als zweiter Assistent von Battista angestellte C. gewählt werde, «weil dieser den Preis, ein Paar Schuhe, so arg nötig hat».

Wie wenig «diktatorial» es in der SASEA zuging, mag folgende kleine Begebenheit illustrieren. Ein liebenswerter Onkel aus Deutschland kam nach Milano und wurde von Battista in HD's Zimmer gebracht. Dieser war wie stets am Spätnachmittag noch mitten in der Arbeit und bat den Onkel sich ein wenig zu gedulden. Ohne anzuklopfen, mit einfachem «permesso?» kamen verschiedene Mitarbeiter herein, die einen einer Unterschrift, die anderen einer Entscheidung wegen und einige auch nur um von ihrer Arbeit das Neueste zu berichten. Plötzlich, während einer kleinen Pause, fragte der Onkel: «Wer leitet eigentlich diese Firma?» «Wieso? – ich!» Offensichtlich hatte der Fragende einen so «undirektorialen» Direktor bei der Arbeit noch nicht gesehen; er schwieg etwas betreten, und man sah ihm Zweifel an, ob das wohl gut gehen würde. Indes, es ging gut: Italien, die SASEA, war für die ersten 20 Jahre nach dem Krieg der wichtigste Exportmarkt der BASF und arbeitete für sie um einiges billiger als z.B. die neue eigene Vertretung der BASF in Frankreich, ...nicht zuletzt auch dank des absichtslosen *Silbernen Bechers*.

Damit es gelänge, die SASEA samt Becher auf einen diesen achtenden und möglichst fördernden Nachfolger überzuleiten, hatte HD sehr rechtzeitig nach einem solchen Ausschau gehalten. Das Ergebnis war zufriedenstellend, was die eigentliche Arbeit anging; der *Becher* und seine freundlichen Ausstrahlungen gingen jedoch rasch in die Vergessenheit. Als zu Beginn der siebziger Jahre ein Gesetz die Schaffung von Angestelltenräten vorschrieb – analog den «consigli di fabbrica» (Arbeiterräte) – empfahl HD, das Bilden eines solchen Rats s o f o r t zu unterstützen, damit man nun auf gesetzlich vorgeschriebene Weise weiter das tun könne, was der *Silberne Becher* als Symbol schon bisher mit bestem Erfolg erreicht hatte: VERTRAUEN schaffen! Die «neuen» Deutschen lehnten dies jedoch ab: man solle warten, bis die Angestellten (nun hiessen sie nicht mehr «Mitarbeiter») es selbst fordern würden, mit dem Ergebnis, dass ein bisher in der SASEA nicht bekanntes Misstrauen entstand.

HD selbst blieb bei seinem eigenen ursprünglichen Zeitplan, ...so dass er sich 1975 ganz zurückzog... nicht um sich «auf die faule Haut zu legen», sondern um die jetzt beginnende dritte Phase seines Lebens mit neuen, ganz anderen Aufgaben zu füllen, mit solchen, die bisher nicht recht zu Wort gekommen waren. Von der zweiten Phase, der Arbeit in der SASEA, blieb ihm die dankbarste Erinnerung an die Menschen, die Freunde, die sich so lange mit ihm «absichtslos» um den *Silbernen Becher* geschart hatten.

* * *

1985, neun Jahre, nachdem die BASF in SASEA's «Massanzug» geschlüpft war, fragte man HD, ob er Lust habe, an der zweiten, die erste habe bereits 1984 stattgefunden, Zusammenkunft ehemaliger Mitarbeiter teilzunehmen. Es handele sich um solche, die nicht mehr in der SASEA, sondern woanders arbeiteten oder in der Zwischenzeit in Pension gegangen seien; alle hätten das Bedürfnis, mehr vom Post-SASEA-Schicksal der anderen zu erfahren und zugleich dankbar belustigt ihres Anteils am Schneidern des unvergessenen «Massanzugs» zu gedenken (von 101 auf einer Liste der ehemaligen Mitarbeiter hat die Hälfte 1990 an der fünften Begegnung teilgenommen).

März 1992

DIE ARBEITSFRONTMÜTZE

Dem Chronisten (HD) ging es worum in den Jahren 1936 (Rückkehr aus Frankreich, siehe *Grüner Talbot*) bis 1942 («Dienstverpflichtung»)? Allein um aktives und passives Fernhalten: wo irgend möglich den Nazismus «fernzuhalten», d.h. ihn zu hindern, im Grossen und Kleinen, beginnend mit dem Vermeiden des Hitlergrusses, was heute nicht mehr erwähnenswert zu sein scheint, damals jedoch ein stetiges Verantwortungsbewusstsein erforderte... und auf alle Fälle den Nazismus vom eigenen Körper und Geist fernzuhalten. Mit bescheidener Genugtuung ist HD so kühn zu behaupten, dass ihm beides Fernhalten – abgesehen davon, dass er noch lebt – gelungen ist... mit einer Ausnahme: der Anschaffung einer Arbeitsfrontmütze konnte er sich nicht erwehren. (Im Kriege kam die «Volkswohlfahrt» hinzu, um seine Frau vor NS-Belästigungen zu schützen.)

Den Heutigen, die 1945 noch nicht geboren oder wie unser Bundeskanzler «noch zu jung» waren (ein ausgebombter Kölner liess einen Freund raten: «Was ist das: es steht rund um Köln, es schiesst, aber es trifft nichts? ... aber nein, nicht was Du denkst, sondern der Kohl»), mangelt es fraglos daran, sich vorstellen zu können, was es geheissen hat, inmitten eines verbrecherischen, a l l e s erfassenden Terrors seine eigene und die Menschenwürde der immer seltener werdenden Freunde zu erhalten. Ja, es gibt sogar «Historiker», die dem Terror nur dort glauben wollen, wo er mit damals verfertigten «Aktenvermerken» rekonstruierbar ist; Zeugen allein bieten ihnen nichts Druckfähiges!

Wer wird HD schon glauben, dass man ihm im Januar 1936 in der Abteilung Italien der IG einen Arbeitsplatz neben einem armselig-martialischen SA-Mann zuwies, der häufig in SA-Hemd und in Übertrunkwehen zur Arbeit kam. Von HD interviewt, antwortete dieser: «Nein, gefoltert haben wir nach der Machtergreifung nie. Nur, wenn die Kommunisten nicht aussagen wollten, sperrten wir sie in einen Keller, den wir unter Wasser setzten und das Wasser so lange steigen liessen, bis die Gefangenen mürbe wurden.» Schliesslich wurde der «Trinker» auf HD's Betreiben versetzt, so dass es in der Abteilung nur noch wenige harmlose Mitläufer gab.

Auf einer wohl 100 Meter entfernten, kleinen Anhöhe hinter dem riesigen Bürohaus der IG Farbenindustrie in Frankfurt speiste die Werkskantine mittags ebenerdig ca. 2000 Mitarbeiter in zwei Schichten; im Stockwerk darüber tafelten die Direktion und die Gäste. So kam es, dass man beim Hin- und Rückweg von der Kantine höchsten Vorgesetzten, allein oder mit Gästen, begegnen und ihr gütiges Grüssen gerne erwidern konnte.

An einem sonnigen Tag im Herbst 1937 wurde der Hitlergruss mit gehobenem Arm des «Betriebsführers» vom Gruss mit der Hand an der Schirmmütze eines hochrot und tiefgolden dekorierten Reichswehruniformierten begleitet, den HD gleich als den noch im Wehrministeramt befindlichen Marschall Werner v. Blomberg erkannte. Auf Betreiben der standesbewussten Generalität, mit welcher es sich der «Führer» nicht verderben wollte, wurde Blomberg kurz darauf, im Februar 1938, entlassen, nachdem sich herausgestellt hatte, dass er mit Hitlers Hilfe als Trauzeuge eine vor ihrer Vermählung beruflich zugängliche Dame zum Altar geführt hatte (sicher nicht seine Untauglichkeit – er hatte allerdings Hitler rechtzeitig zugejubelt! – wohl aber seine Unstandesgemässheit hat ihm seinen festen Platz im Bertelsmann-Handlexikon bis heute gesichert!). Auch der Betriebsführer hielt von B. nicht viel.

Damals personifizierten die beiden Grüssenden, jedenfalls für HD, die eifrige Teilnahme der IG Farben an der Vorbereitung des Krieges, der nur anderthalb Jahre auf sich warten liess. Einer Aufmunterung dringend bedürftig fiel HD ein, dass bei «Herren» im 5.Stock während der Verrichtung auf Augenhöhe zu lesen stand:

> *Der deutsche Gruss so rein und schlicht*
> *geziemt an diesem Ort sich nicht.*
> *«Heil Hitler» klingt zu stolz und hehr*
> *als dass es hier am Platze wär!*

Hier war Gelegenheit zu aktivem Fernhalten in Form von lauten Selbstvorwürfen, wenn HD dort, «zerstreut» wie er war, mit unüberhörbarem Heil-Hitler-Ruf eintrat. Schon lange vorher hatte er in seiner Abteilung die gedruckte Aufforderung: «Unser Gruss ist der Deutsche Gruss» entfernt, «weil es ihn kränke, zu etwas für ihn so Selbstverständlichem aufgefordert zu werden».

Im übrigen war sonst noch alles in Ordnung: eines Tages liess ihn die Frau des Betriebsführers bitten, hinunter zum Haupteingang zu kommen. Er kam, sie sah, sie küsste, und von da ab konnte HD sein Auto mitten vor dem Haus parken, was der übrigen Schar von Direktoren und Prokuristen nicht gestattet war.

Für den nur quantitativ bemerkenswerten Aufsichtsrat gab es im 1.Stock des 6. Hausflügels einen grossen Sitzungssaal mit einem fast den ganzen Raum füllenden, wohl 1,5 Meter breiten Tisch; auf der Mitte seiner Platte waren im Abstand von ca.zwei Metern elektrische Klingeln angebracht. Besuchern, denen HD den Raum zeigte, erklärte er diese Vorsorge damit, dass die Aufsichtsräte gebeten seien, im Falle ihres Schlaganfalls mit der Klingel ein letztes Lebenszeichen von sich zu geben. Dass es dazu eines zum Hitlergruss ausgestreckten Arms bedurfte, erwähnte der «Fremdenführer» nur bei ganz «sicheren» Besuchern.

Dies nur einige Erinnerungen, über die man auch lachen kann; Lachen war damals besonders unentbehrlich, wenn möglich schadenfrohes, um die unaufhörlich auftretenden schlimmen Dinge ungebrochen ertragen zu können. Zu den Letzteren gehörte die HD auf die verschiedensten Weisen immer wieder nahegebrachte «Versuchung», Mitglied der NSDAP oder doch wenigstens einer anderen der vielen braunen Organisationen zu werden.

Es muss 1937 gewesen sein, dem Jahr, in dem alle «dort noch fehlenden» Vorstandsmitglieder der IG in die Partei eintraten. Im Zuge dieser allgemeinen Nazifizierung, wohl auch, um unbeanstandet «Betriebsführer» werden zu können, wechselte HD's Anverwandter vom NSKK (Kraftfahrer Korps) in die SA und in die Partei über. «Ich muss mir eine neue Uniform machen lassen. Wenn Du, was ich Dir dringend rate, in's NSKK eintreten willst, kann ich Dich mit meiner kaum getragenen Hose unterstützen.» Beklemmendes Gelächter der Familienrunde, aber dabei blieb es.

Zu dieser Zeit hatte sich der Anverwandte, rheinischer Herkunft wie HD, dem NS gegenüber noch ein distanzierendes, ein wenig zynisches, spöttisch-überlegenes Lächeln bewahrt. Er hatte wohl gehofft, sich auf billige Weise seine hohe Stellung in der IG und in seinem Gesellschaftskreis, in den er «lohnende» Nazis mit Erfolg einzubeziehen trachtete, erhalten zu können. Sicher war er nicht das, was man sich unter einem Nazi vorstellt; er war auch kein «Mitläufer», dazu war er zu intelligent, zu begabt – ein rascher und klarer Denker, ein vielsprachiger, vorzüglicher Redner (man genoss es, ihm bei den «Konferenzen der Zeichnungsberechtigten» zuzuhören) –, aber leider war er wie so viele seiner Klasse ein Mitmacher, der es nicht zu verhindern vermochte, schliesslich auch Mittäter zu werden.

Schon seit 1938 hatte HD die Verkaufsabteilung Farbstoffe Italien geleitet, war aber immer noch nicht zum Prokuristen befördert worden, und so ging er im Frühjahr 1942 mit dieser Forderung erneut zu seinem höchsten, zuständigen Vorgesetzten – das war zugleich der Betriebsführer! Dieser meinte, das Verlangen sei zwar sachlich gerechtfertigt, aber HD sei eben nicht Parteimitglied. «Dann werde ich einen entsprechenden Brief an den Vorstand schreiben.» «Tu das bitte nicht, ich bring die Sache in Ordnung.» So siegte diesmal das persönliche Interesse «über die Partei»... und HD's Frau bekam, nachdem er kurz darauf dienstverpflichtet wurde, bis April 1945 mehr Geld.

Kehren wir zu 1938 zurück. Am 9.November gegen Abend begannen die Synagogen zu brennen. Es gab in Frankfurt noch keine wahren Hochhäuser; so konnte man vom 5.Stock des «IG-Hochhauses», wo sich HD's Abteilung befand, die Dächer der ganzen Stadt beobachten. Es war schon fast ganz dunkel, also kurz vor Arbeitsschluss, als HD Herrn Gerner, einen sehr geschätzten Mitarbeiter, rief und ihn aufforderte, das unglaubliche Verbrechen zu verfolgen. Dieser erinnerte 1945 daran, dass HD, zutiefst beklommen, zu ihm gesagt habe: «Vergessen Sie's nicht, dies ist das Ende Deutschlands!»

Die Freitagskonzerte waren in Frankfurt eine schon Jahrzehnte lang bestehende Institution, und so gab es ein Konzert auch am Freitag, den 11.November 1938, also nur zwei Tage nach dem Beginn des noch im Gang befindlichen Pogroms. Das Publikum war politisch neutral, jedenfalls eher für die Menschenrechte als für die Nazis. Trotzdem war das Konzert besucht wie immer, auch HD und seine Frau sind hingegangen. Er erinnert nicht nur ihre eigene Scham und die ihrer Freunde, sondern auch das gemeinsame Erstaunen, besser gesagt Grauen, Arthur v. Weinberg, einen der bekanntesten und einstmals einflussreichsten Juden der Stadt, in seiner offenen Loge gleich über dem Orchester sitzen zu sehen, so als sei nichts geschehen. Sein Bruder Carlo v. Weinberg hatte im Sommer HD von seiner Reise nach Indien gesprochen, wo «er dem dortigen NS-Ortsgruppenleiter erklärt habe, wie er sich im Interesse Deutschlands verhalten solle». Die Brüder Weinberg waren nicht die einzigen Juden, die «es» einfach nicht glauben wollten!!

So ging man «judenfrei» ins schlimme Jahr 1939, von dem HD nur erinnert, dass er mit *Fernhalten* vollauf beschäftigt war, als es hiess, zum 1.Mai gibt's einen Festzug von der IG ins Zentrum der Stadt, an dem jeder «freiwillig», bekleidet mit einer Mütze der Arbeitsfront, teilzunehmen verpflichtet ist. HD kann den peinlichen Anblick der angetretenen, zum Teil sehr geachteten Männer (Frauen erinnert er nicht) in Sommermänteln und im Schutze ihrer einfältigen Mützen nicht vergessen. Es ertönten scharfe Kommandorufe und der Zug Verblödeter setzte sich in Bewegung. Es blieb das einzige Mal, dass HD sich mit einer solchen Kopfbedeckung schmückte.

Nun kam der erwartete Krieg, der auch NS-Menschen in Entsetzen versetzte, und gleichzeitig mit den Häusern und Strassen die Gehirne immer mehr verdunkelte. So versicherte der Betriebsführer, dank der Wiesbadener «siegreichen» Vergewaltigung der französischen chemischen Industrie habe er den Welt-Farbstoffmarkt für diese und die nächste Generation geregelt. Der Einwurf, wir seien dann ja ganz überflüssig, wurde nur belächelt, nach dem deutschen Sieg gebe es Arbeit genug.

Wie schon in *Augusta und Topolino* berichtet, ging es am 1.4.1944 noch blinder in des Anverwandten Gehirn zu. Dass im Osten die Fronten überall nach Westen zu schwanken begonnen hatten, hinderte ihn nicht, HD vertraulich wissen zu lassen, welche Stelle man für ihn in der Nachkriegs-IG bestimmt habe. Dagegen hatte HD nichts mehr einzuwerfen.

Ende August 1944, einen Monat nach dem zum Leidwesen normal Denkender misslungenen Attentat vom 20.Juli, äusserte der Betriebsführer, ohne dazu von seinem Gesprächspartner (Hans Gase, Prokurist der Wirtschaftspolitischen Abteilung der IG-Berlin, der wie gewöhnlich einmal im Monat zur Entgegennahme von Lobby-Aufträgen nach Frankfurt gekommen war) aufgefordert worden zu sein, «seine grosse Genugtuung, dass beim Attentat kein Industrieller beteiligt war».

Jedoch sieben Monate später verwunderte sich der gleiche, als der amerikanische Kommandant bei der Übernahme des IG-Hochhauses die ihm entgegengestreckte Hand des «Betriebsführers» nicht drücken wollte. Unter den in Nürnberg verurteilten IG-Managern war er schliesslich der einzige der aus dem Gefängnis Landsberg frühzeitig Entlassenen, der sich nicht in der einen oder anderen Weise wieder integrieren liess, und der seiner Schwester sagte, er sehe ein, «alles verkehrt gemacht zu haben».

Zurück zu den zwar verdunkelten, aber noch nicht verbombten ersten zwei Kriegsjahren. HD war in seinem Hass gegen das Regime ein wenig merkwürdig und so wollte er nicht, dass die von ihm nicht gerade vergötterte IG Farben dem verabscheuten NS-Regime über eine Million Reichsmark als «Abgabe für Beteiligung im Ausland» zahle. Die italienische Farbstoff-Herstellerin ACNA (51% Montecatini - 49% IG Farben) hatte eine Kapitalerhöhung beschlossen, an der sich die IG beteiligen wollte; es gelang nicht, die Akten über diese 55 Jahre zurückliegende Operation in Milano dingfest zu machen, aber HD erinnert, dass der IG die Abgabe dank seinem zähen Kampf mit dem zuständigen Ministerium – seine Kollegen wollten die reiche IG ruhig zahlen lassen – erlassen wurde. (Später errechnete er sich, der IG damals mehr als das Fünffache von dem gespart zu haben, was er sie in 14 Jahren gekostet hatte!).

Jeden Spätnachmittag musste er mit einer Vorortstram von Frankfurt nach Bad Homburg zurückkehren, immer überfüllt, aber unter einem der ganz schwachen Lichtkegel aus den bis auf einen kleinen Spalt verdunkelten Lampen konnte man eine Stunde lang stehend lesen. Diese Annehmlichkeit wurde zum Lesen mancher Bücher genutzt, so der ganzen Selma Lagerlöf und des ganzen Gottfried Keller.

Einmal war er auch Samstag vormittag «in der IG» gewesen, es war ein sonniger Herbsttag und er überquerte die vollkommen leere Strasse, den Schienenstrang der Strassenbahn und den Radfahrweg, um auf dem kürzesten Weg die Tram-Haltestelle zu erreichen. Da kam ein einsamer Radfahrer hinter ihm her, hielt an, stieg ab und sagte: «Wenn Se nich vom Radweg herunterjejangen wären, dann hätte ich Ihnen aber was jesacht!». Danach hat HD immer getrachtet, rechtzeitig «vom Radweg herunterzukommen».

März 1993

PFERDEROLLEN

Wie es der Chronist (HD) zu tun pflegt, ist er eine Weile mit sich zu Rate gegangen, wo er das Abbild der zwei «Gegenstand»-bildenden Rollen hingeben soll: bevor oder nachdem er über ihre Körperlichkeit, ihre Lebensdaten, ihre Symbolkraft, damals und heute, Auskunft gibt. Da er es stets gern mit seinen Lesern aufnimmt, will heissen, es ihnen anfangs schwer macht, damit sie mit dem «guten Ende» oder auch mit dem «schlechten» fertig werden, fordert er hier als erstes zur aufmerksamen Betrachtung des Abbilds auf.

Wie die Gegenwart eines Fotokopiergeräts zeigt, befinden wir uns in einem Büro, wo die Fensternische eingerahmt ist von zwei in die Mauerkanten eingelassenen festen, delikaten, runden Holzstäben; dass diese sich in ihrer ganzen Länge rollen lassen, gewahrt man zwar nicht, muss aber, wie sich später erweisen wird, unbedingt erwähnt werden. Wozu diese Rollen einem Anwalt, dem heutigen Inhaber des Gebäudes und des Büros dienen? Zu gar nichts! Warum sind sie trotzdem für ihn ebenso kostbar wie für HD, der sie nicht einmal erinnerte? Weil sie ganz absichtslos zu einem bewegenden Symbol für das Haus und den Geist seiner Bewohner, der damaligen und der heutigen, geworden sind.

Im Mai 1992 hatte HD zum ersten Mal nach 63 Jahren Gelegenheit, im Wald von Mechernich, in der Voreifel, 50 km südlich von Köln, das Haus H o m b u s c h wiederzusehen, das sich seine Eltern 1907/9 als weitläufiges Landhaus für ihre Familie und des Vaters Pferde geschaffen hatten, das sie jedoch schon 1929 aus wirtschaftlichen Gründen schmerzend wieder verlassen mussten.

Damit Gestalt und Wesen des «Gegenstands» erfassbar werden, ist als erstes eine Ortsbeschreibung vonnöten. Inmitten waldiger Hügel, da wo das Terrain eine Art Stufe bildet, wahrscheinlich von geringen Erdbewegungen eingeebnet, bauten HD's Eltern ein rechteckiges Anwesen bestehend aus drei ineinandergreifenden Gebäudeteilen und einer den so entstandenen geräumigen und wohnlichen Hof schliessenden Mauer mit einer grossen Toreinfahrt. Auf der linken Hofseite zum Garten blickend das Wohnhaus, auf der Stirnseite ursprünglich der «Herrschafts»-Pferdestall, darüber die Wohnung des Kutschers (später des Försters) und auf der rechten Seite der Heuboden, darunter ein Pferdestall für die Gäste, flankiert von der Wagenremise mit Geschirrkammer und der Autogarage, daneben, nicht zu vergessen, die Stube für den Chauffeur und den eingebauten Hundezwinger.

Nun ist's zu den Pferderollen nur noch ein Sprung. Nach dem 1. Weltkrieg hatte die turmartige Erweiterung des Wohnhauses nach Westen zu die Verlegung der Küchen- und Vorratsräume notwendig gemacht und, da es Pferde nicht mehr gab, wurde der Herrschaftsstall zum Küchentrakt. Ursprünglich hatte dieser Stall vom Hof her einen Eingang für die Pferde; vielleicht war dieser zu eng geraten, jedenfalls galt es zu verhindern, dass sich die Pferde, wenn sie nach dem Abschirren oder Absatteln im Hof zu ihren Raufen drängten, an den scharfen Mauerkanten verletzten, und so waren dort auf beiden Seiten hölzerne Rollen eingelassen worden. Bei der Umwandlung von Stall zur Küche trat an die Stelle der Pferdepforte ein Fenster (siehe Abbildung), ohne dass jemand daran gedacht hätte, die unnütz gewordenen Rollen zu entfernen! In den folgenden fast 70 Jahren haben auch die späteren Bewohner des Hauses die Rollen an ihrem Platz gelassen und so wurden sie zu einem Symbol für die Stetigkeit des Hausgeistes.

Bei dem ihm freundlichst gewährten Rundgang durch fast das ganze Anwesen kam auch HD zu den Rollen, die vor bald 78 Jahren zum letzten Mal Pferderippen zärtlich berührend geschützt haben. Er konnte nicht widerstehen, seine Hände liebkosend über ihre Rundungen gleiten zu lassen, mit dem Erfolg, dass die Rollen zu Zauberstäben wurden, die eine Menge Erinnerungen wachriefen.

Die Reitpferde sind 1914 in den Krieg gezogen, da war HD erst 7 Jahre alt, und doch erinnert er sich, wie sein Vater im Jahre zuvor, wegen einer Beinverletzung auf Krücken angewiesen, sich aufs Pferd heben liess, unter beifälligem Staunen seiner Frau und seiner beiden kleinen Söhne.

Mit Kriegsbeginn blieb nur ein Pferd (im Gästestall), namens Lisa; sie konnte sich, gutwillig wie sie war, nicht entschliessen, ein normales Wagenpferd oder ein Ackergaul (so nannte man damals die später durch Traktoren ersetzten Arbeitspferde) zu sein. Zu Lisas Pflichten gehörten alle dem Haus dienende Transporte, darunter das Abholen von Kindern und anderen Wesen vom Bahnhof in Mechernich. Das Runterfahren vom Haus ins Tal ging rasch im gemütlichen Trab, aber umso langsamer war das Hinauf zum Ort Mechernich... und umgekehrt, wenn's umgekehrt galt; für beides benötigte man ungefähr dreiviertel Stunden. Dem Menschentransport diente der «Jagdwagen»: vier Räder, ganz offen, zwei vorne auf dem Bock und dahinter Platz für drei «Jäger».

Noch bis in die ersten Friedensjahre – dann vom Tennis abgelöst – war der Hauptspielplatz der Kinder der sogenannte «Felsen», ungefähr eine viertel Stunde vom Haus entfernt am oberen, zur «Feyermühle» führenden Waldweg. Bruder Carl herrschte «im Tal», die kleine

Schwester Freya liess er in einer zu seinem Umkreis gehörenden «Villa» zu und wachte über HD, der «auf der Höhe des Felsens» auf seine Unabhängigkeit bedacht war.

Am 9.9.1917 wurde das Felsenleben «jäh» durch eine Einladung in die Feyermühle zum feierlichen Fest anlässlich des 10. Geburtstags von HD unterbrochen. Dort befand sich damals ein kleiner uralter, später von HD's Vater ausgebauter Bauernhof am äussersten Ende des Gutes Hombusch, dort wo ein grosser Bach, fast ein kleiner Fluss, in das elterliche Territorium eintrat und in seinem Verlauf verschiedenen maschinellen und anderen Einrichtungen seine Wasserkraft lieferte.

Auch die Feyermühle war ein rechteckiger Hof, gebildet aus Stall, Scheune und kleinem Wohnhaus inmitten einer zum Verweilen einladenden, allergrünsten Wiese voller alter Apfelbäume: dort fand das Fest statt. Im Sommer 1917 bewohnte das recht primitive Haus ein Freund der Familie, den sein belgischer Pass vor dem Einrücken schützte. Ihm war die Einladung zu danken und ganz besonders die drei ehrerbietigen Adressen an *S.M. HANS I., den König der Wauwauer* (zehnjährig pflegte HD seine Gefühle ausschliesslich durch Bellen und Knurren auszudrücken. Es wird berichtet, dass eines Tags in Köln die Mutter durch Hundebellen in der Mittagsruhe gestört wurde und aufseufzte: «da ist der Hans doch schon wieder auf der Strasse».) Die Verfasser der Glückwünsche waren: *Fürstin Muhkuh von der Milch* («... *während ich das Gras durchwühle, denk' ich Deiner mit Gefühle*»), *Frau Meckmeck Ziege* («... *wäh-*

rend ich Dir nicht verhehle, dass ich unter allen Hunden einen schöneren nie gefunden...») und von Freifrau von Lisa, dem Pferd («... *ich bin zwar demokratisch, doch heute hoch geehrt. Bin weder schön noch rassig, doch sinnig und gelehrt...»).* Dass die handgeschriebenen Ehrungen nach 76 Jahren noch lebendig sein würden, keiner konnte das ahnen!

Nach etwas mehr als 100 Metern führte der Bach, begleitet von einem Pfad, in einen Laubwald und gab am Ende Teile seines Nass' den Forellen und Karpfen ab, die dort das Verschlungenwerden in wohlgegliederten Teichen abwarteten. Auch hierhin strömte die Kinderschar häufig, doch war die Anziehungskraft anderen wässrigen Geschehens stärker. Das Wasser des Bachs ergoss sich schliesslich auf ein grosses stählernes Schaufelrad, das den alle Gebäude des Gutskomplexes erleuchtenden Strom lieferte und das Trinkwasser von einer nahen Quelle den Berg hinauf in ein im oberen Wald gelegenes Wasserbecken pumpte (Letzteres wird auch heute noch benutzt: die ganze Anlage ist im «Kölner Stadtanzeiger» Nr. 177 vom 1./2.8.1992 beschrieben).

Nur wenige werden sich erinnern, dass der Winter 1917/18 einer der kältesten war und die kaiserliche Regierung zwang, die Schulen einige Wochen zwecks «Kohleferien» zu schliessen. Diese verbrachten HD und sein Bruder, begleitet von ihrer Erzieherin, beim Ehepaar Lange, den Betreuern des Schaufelrads und seiner Erzeugnisse. HD erinnert, wie es plötzlich hiess: «Das Schaufelrad ist festgefroren, in einigen Tagen sind wir ohne Strom und ohne Wasser!» Feuer in eisernen Körben wurde Tag und Nacht in unmittelbarer Nähe der Achse des Schaufelrads in Gang gehalten, bis Alt und Jung in den Jubelruf ausbrachen: «das Rad dreht sich wieder!»

Bald nach dem Krieg hatten HD's Eltern wieder ein Auto, aber mit einem «neuen» Chauffeur, der von den Grosseltern kam und die Tochter Gerda mitbrachte, welche die gleichaltrige Freundin von HD's Schwester wurde. Sie trat an die Stelle des geliebten Kameraden Hermann, der seinem Vater nach dessen Schleswig-Holstein gefolgt war. Franz Bolz, der «Neue», blieb bis zu seinem Tod mit den Brüdern D. eng befreundet, auch noch als nach 1931 alle Wege auseinandergegangen waren.

Nun begann die Autosucht der beiden Söhne, Frucht der Freundschaft mit Bolz und dessen Willfährigkeit, «die Jungen fahren zu lassen», unterstützt aus des Vaters Zigarrenschrank. Die ersten Hin und Her erfolgten in Hombuschs Hof. Mit den Jahren genügte das den Motorunruhgeistern nicht, und so wurden die ersten vollständigen Fahrererfahrungen auf der Strasse Hombusch-Satzvej gesammelt, wenn Bolz am Freitag Abend HD's Vater dort an der Bahn abholte. Da war der Preis nicht mehr nur eine Zigarre, sondern ein gemeinsam genossener Schnaps an der Bar der Station. Um dem Riechvermögen des Vaters zu entgehen, schaute HD im offenen Auto stets zur anderen Seite, was die Unterhaltung nicht gerade vereinfachte.

Noch eins bleibt dem Hombusch unvergessen: die

von Bolz im Hof und in seiner Stube abgehaltene *Strick- und Häkelstund*, zu der sich in im Hausgeschehen ruhigen Stunden am Nachmittag die Männer des Haushalts und auch fremde Gäste einfanden und sich unter Schmunzeln und Lachen die letzten deftigen Witze, fremde und selbst erfundene erzählten. Für die Erziehung war die Strick- und Häkelstunde sicher von unschätzbarem Wert zur Förderung der Unabhängigkeit ihrer jungen Teilnehmer.

Die Trennung vom Hombusch war schmerzend, für jedes Familienmitglied auf seine Weise, für die inzwischen erwachsenen Kinder zweifellos das Ende eines wichtigen Kapitels ihrer Jugend.

Die Mutter nahm als Andenken zwei 37 cm hohe steinerne, mittelalterliche, sitzende Löwen mit, ein Geschenk ihres Vaters, die bis zuletzt die mittlere Terrasse schmückten. Nach der Mutter Tod kamen sie zu HD, wo sie seither im 6.Stock eines Mailänder Condominiums seine Haustür bewachen. Ebenso wie diesem war es ihnen bis vor zwei Jahren entfallen, dass sie in Erinnerung an den *Hombusch* die «Pferderollen» vertreten.

Dezember 1993

DAS GEHÄKELTE WOLLMÜTZCHEN

Nur mit geringer Ahnung von der Welt und von der ungerechten Verteilung ihrer Schätze gingen HD und sein Freund Rolf Brandt (zwanzig- und einundzwanzigjährig) im April 1927 «für ein Sommersemester nach Wien studieren». Wien ist eine schöne Stadt; aber sie kannten dort niemanden. So begnügten sie sich damit, jeden Tag zwei nicht fesselnde Vorlesungen zu hören und sich den Rest des Tags an den sie umgebenden Schönheiten zu erfreuen.

Nach beinahe zwei Monaten teilte Rolf so ganz nebenbei mit, er habe da eine Empfehlung an eine gewisse Dr.Eugenie Schwarzwald («Fraudoktor»); das sei die Inhaberin einer Mädchenschule, die 1923, in Deutschlands schlimmstem Nachkriegsjahr – in Österreich ging es bereits ein wenig besser –, den Hungernden in Berlin mit vier Gemeinschaftsküchen, ihrem eigenen Wiener Vorbild aus der Kriegszeit folgend, zur Hilfe gekommen sei. Eine dieser Küchen befinde sich in der Nähe der Universität, in den Räumen des ehemaligen kaiserlichen Schlosses, wo auch er, Rolf, als Student gegessen habe; die Leiterin, Etta von LeFort habe ihm die Empfehlung mitgegeben.

«Aber Rolf!! das sagst du erst heute!? Nun gehst du sofort hin!» Von HD bedroht überwand er sich – Fraudoktor forderte ihn damals auf, nicht den ganzen Tag aus Hamburg zu sein, aber das verging nach dem ersten Sommer in Grundlsee – und begab sich zur Schule in der Wallnerstrasse. Ein wenig verwirrt kam er zurück. Er sei dort (für einen Hamburger) fast zu herzlich empfangen worden; nach dem Vorwurf, warum er erst jetzt komme, sei die «Fraudoktor» mit ihm in den Flur, übervoll, weil gerade Pause war, geeilt und habe alles übertönend: «Marion, Ljena!» gerufen. Nach mehrmaligem Wiederholen des Rufs seien zwei 18jährige, unternehmende und sehr hübsche Mädchen erschienen, denen Fraudoktor kurzerhand «befohlen» habe: «Dies ist Rolf, ein Freund aus Berlin, mit dem Ihr morgen in Klosterneuburg in der Donau schwimmen geht!» Überwältigt von der Geschwindigkeit, mit der der Befehl erteilt und ohne Zögern angenommen wurde, kam Rolf zurück. HD, entzückt von soviel Unerwartetem, sagte nur: «Zwei Mädchen brauchst Du nicht, ich komm' mit.» Ja, damals konnte man noch in einer sauberen Donau schwimmen, und so wurde das Ganze ein gelungener, zu wiederholender Ausflug... ohne zu wissen, dass es der Anfang einer lebenslangen Freundschaft war (Ljena heiratete bald Rolfs Bruder Bill, und Rolf blieb bis zu seinem Tode einer von Marions besten Freunden).

Am nächsten Tag wurden die beiden Mädchen von Fraudoktor zum Bericht bestellt: «Alles gut gelungen, aber der hat auch einen ganz netten Freund.» «Bestens, so lasst sie wissen, dass ich sie beide morgen zur Jause in der Josefstätterstrasse sehen will.» Im Hintergarten von Nr.68 bewohnten Genia und Hermann Schwarzwald eine Art von grossem einstöckigem Pavillon. Dieser wurde in den sechziger Jahren abgerissen, um für eine Erweiterung des Vorderhauses Platz zu machen. Geblieben ist die grosse Tür, die man passieren musste, um durch das Vorderhaus in den Garten und zu Schwarzwalds zu gelangen. Durch diese Tür, auch heute noch zur oberen Hälfte aus einem reich mit Ranken geätzten Glasfenster bestehend, ging HD von 1927 bis 1938 ein und aus, und so hätte auch sie mit Recht Anspruch auf den Titel dieses «Gegenstands» erheben können. Mit einem «gehäkelten Mützchen» in der Tasche stattet er nun der Tür immer mal wieder einen ach so erinnerungsträchtigen Besuch ab.

Als HD zwei Tage nach dem Schwimmen in der Donau das Haus betrat, konnte er nicht ahnen, dass dies ein für sein ganzes Leben entscheidender Schritt sein würde. Er spürte jedoch sofort, ohne es sich zu definieren, dass das Schicksal ihm die Begegnung mit einmaligen Menschen beschert hatte. Rolf und HD waren nicht die einzigen Gäste, und, als sie nach einigen Stunden wieder auf der Strasse standen, fragte Rolf ganz aufgeregt, ob er bemerkt habe, wer da alles gewesen sei, er nannte einige bekannte Namen, darunter Egon Friedell mit seiner mächtigen Gestalt und Stimme, aber HD war von Genia Schwarzwald so gefesselt gewesen, dass ihm die anderen nicht aufgefallen waren.

Bald danach kam aus Berlin Etta LeFort, und Fraudoktor organisierte für sie die Besichtigung einiger Wiener Gemeinde-Wohnbauten, HD durfte mitkommen. Als Etta unschlüssig war, was sie für den Besuch bei den Bewohnern anziehen solle, mischte sich HD ein: «So elegant und so einfach als Du eben kannst!», und erhielt dafür von Fraudoktor den ersten Kuss.

Die Sommerferien begannen, und so «befahl» Fraudoktor den beiden deutschen Studenten nach Grundlsee in ihr Ferienheim zu kommen. Damit öffnete sich ihnen ein Sommer-Paradies für die nächsten zehn Jahre. Mittelpunkt war dort für gross und klein (HD's Altersgenossen) Fraudoktor! Wer und wie war sie? Besser als sie ein Freund damals (1926) beschrieben hat, könnte niemand die Frage beantworten, also das Wort an Walter Schneider (1897-1970):

Eugenie Schwarzwald habe ich strahlend vor Lebenslust von einer Autotour zurückkehren sehen; ein andermal in äusserster Verzweiflung über ein Bergwerksunglück; eine Schulklasse mit Knut Hamsun so bekanntmachen, wie man einen Freund vorstellt; mit kindlicher Vorsicht mit einer Kaffeemaschine hantieren; vor Zorn mit dem Fuss stampfen über eine neue österreichische Korruptionsaffäre; ich habe sie mit leidenschaftlicher Stimme Schuberts «Gott in der Natur» singen hören; mit einem Eifer, der einer besseren Sache würdig gewesen wäre, vollkommen überflüssige Wollmützen stricken; leuchtend vor Freude, einen Zug mit Kindern in die Ferne expedieren sehen. Ich bin dabei gewesen, wie sie junge Leute über Liebeskummer, Arme über Not, Alte über Verlassenheit tröstete. Ich kenne ihre Freude über ein schönes neues Kleid und ihre Gleichgültigkeit bei dem Verlust eines Vermögens. Ich sah, wie sie sich vor ihrem Russisch-Lehrer fürchtete, weil sie ihre Aufgabe nicht gelernt hatte, und ich merkte die Aufregung, als sie, wie jedes Schulkind seinen Aufsatz, ihren Artikel für die Sonntagszeitung am Samstag spät nachmittags (zu spät) zu schreiben anfing. Ich weiss, dass sie zur gleichen Zeit drei Briefe diktieren, telephonieren und konferieren kann, und dass sie doch bei allem mit dem Herzen dabei ist, ganz von jener Gegenwart, die nichts von Vergangenheit und Zukunft weiss. Bei allem was sie tut, denkt sie nie an die Wirkung; für jeden genauen und objektiven Beschauer ist ihr Wirken von überzeugender Reinheit. Wie sich alle diese wohlmöglich einander widersprechenden Dinge zu einem höchst werktätigen und anmutigen Leben formen, könnte nur sie wissen, ebenso wie es ihr gelungen ist, vor fünfundzwanzig Jahren eine pädagogische Insel zu gründen und dort einen auf den Grundsätzen der Freiheit und der Freude aufgebauten Erziehungsplan zu verwirklichen...

Das Ferienheim «Seeblick» am Grundlsee (Salzkammergut) beherbergte zusammen mit den umgebenden Bauernhäusern bis zu hundert Menschen, die, geführt von Genia Schwarzwald «eine Gemeinschaft bildeten, in der niemand mehr vorstellte als er war, wo niemand schlecht von anderen redete und wo einer sich keinen Vorteil mit einem Trinkgeld kaufen konnte» (Merete Bonnesen 29.10.1928). Es gab dort zwei besondere Stellen, wo wir «Kinder» um Fraudoktor sein konnten: bei jeder Mahlzeit und bei jedem Wetter an ihrer langen Tafel, links auf der offenen Veranda im Erdgeschoss, und oben im 3.Stock, dem Dachgeschoss, wo sich nur Fraudoktors Zimmer befand, flankiert von zwei Dachkammern, in denen man nicht aufrecht stehen konnte, meistens von «Kindern» bewohnt. Wenn es keine Veranstaltung (Konzert, Vortrag, Schauspiel, Tanz) gab, gingen wir Kinder hinauf und installierten uns – bis tief in die Nacht hinein – auf Fraudoktors grossen Balkon... und redeten. Was? Alles, was dem einzelnen in den Sinn kam. Fraudoktor hörte aufmerksam zu, griff aber nur ein, wenn sie dazu von irgendjemand aufgefordert wurde oder sie das Gesagte nicht billigte oder ergänzen wollte. Ihre Hauptbeschäftigung war dabei das Häkeln von kleinen Wollmützchen, jedes «Kind» sollte das seinige haben, und zu diesem Zwecke wurden sie andauernd auf den einzelnen Köpfen unter lautem Beifallgelächter der Anwesenden probiert.

HD besitzt heute noch – nach über sechzig Jahren! – zwei solcher Mützchen, ein schwarzes, stets in seiner Schultertasche und oft gegen Regen und Kälte benutzt, und ein grünes, das ihm nur auf dem Lande dient; ihre wichtigste Funktion ist es, ihn immer wieder an alles zu erinnern, was er in dreizehn Jahren der Freundschaft mit Genia und Hermann Schwarzwald an ihrem Beispiel und mit ihrer Hilfe zu erlernen getrachtet hat: zuhören; Geduld haben; Vorurteilen aus dem Wege gehen; im Urteil unbestechlich sein; nichts beschönigen (ein deutsches Nationalübel); sein Ziel nicht aus den Augen verlieren, ohne es um jeden Preis sofort erreichen zu wollen; die eigenen Fehler hinnehmen und sie eingestehen; Selbstpersiflage (ein Lieblings-Wort von Fraudoktor); begreifen, was bedingungsloses, aber zugleich anspruchsvolles Wohlwollen bedeutet (HD spürte es am eigenen Leibe!); und vieles mehr, kurz alles, dessen man bedarf, um ein relativ freier Mensch zu sein und um «Gegenstände» erleben zu können.

April 1994

KENNKARTEN

Ursprünglich sollte hier nur e i n e Kennkarte auftreten, und zwar diejenige, welche den Chronisten (HD) als Leiter eines Entnazifizierungstribunals von April 1947 bis Juli 1948 ausweist und somit «rechtfertigt», dass er einiges von den bei dieser Bemühung gemachten Erfahrungen berichtet, die sein Dasein – den Entschluss als «Adenauer-Flüchtling» zu emigrieren – ausschlaggebend beeinflusst haben.

Als HD auf der Suche nach dem Spruchkammerausweis in sein ewig lang nicht angerührtes Archiv griff, kamen die seinen Umtrieb in den Jahren 1942 bis 1948 «belegenden», am Ende dieses Berichts wiedergegebenen Dokumente zum Vorschein.

Mit dem «Dienstausweis des Beauftragten für den Vierjahresplan» vom 16.März 1942 (1) wurde aus einem sich bis dahin entschlossen verborgen gehaltenen Zivilisten über Nacht ein zum Zivildienst eingezogener NS-Funktionär. Worum es sich dabei gehandelt hat, darüber geben verschiedene «Gegenstände» Auskunft. Der deutsche Dienstausweis löste in Rom, HD's Dienstsitz, die italienische Kennkarte (2) aus (ausgestellt am 7.Juli 1943, mehr als ein Jahr nach dem deutschen Dienstausweis). Der Krieg endete für HD mit der Zugehörigkeit zur italienischen Partisanengruppe «Giustizia e Libertà» (3).

Am 3.September 1945 war er nach Hause zurückgekehrt (siehe *Fahrräder*), und schon nach fünf Tagen erhielt er die «zeitweilige Registrierungskarte» (4), die zugleich der «Entlassungsschein» für heimgekehrte Soldaten war.

Sozusagen unmittelbar nach seiner Rückkehr in das von den Nazis hinterlassene Nichts – totale geistige Wüste und Trümmer allenthalben – hat ihn Willy Hartner, sein engster Freund, bei der Kultur-Abteilung der amerikanischen Armee (ICD), deren Hilfe Hartner sich bereits versichert hatte (siehe *Der Nachttopf von S. Chiara*), als erwarteter Mitstreiter für das nun gemeinsam zu schaffende Neue eingeführt. So «musste» sich HD schon 40 Tage danach ausserhalb der Polizeistunden bewegen (5). Warum er gerade am 26.November 1945 Zivilisten mit seinem Auto «transportieren» sollte (6), entzieht sich der Erinnerung.

Für HD zutiefst bewegend ist (7). Dank dieser, von den amerikanischen Freunden des ICD beschafften Erlaubnis vom 7.Dezember 1945 durfte er seine Schwester mit ihren beiden kleinen Söhnen von Frankfurt zu ihrer Mutter nach Godesberg (englische Zone) bringen. Freya von Moltke war von einem englischen Kommando Ende Oktober aus Kreisau in Schlesien (inzwischen polnisch) nach Berlin geholt worden; die Amerikaner flogen sie von dort nach Frankfurt und brachten sie im Auto zu HD's Familie nach Dornholzhausen im Taunus. Dass sie nach Berlin gelangt war, hatte HD's Schwägerin, die dort in niederländischer Uniform Dienst tat, wissen lassen können, aber nicht, wann und wie sie bei HD eintreffen würde. Am Abend des 23.November 1945, es war schon dunkel, hörte man Stimmen aus einem anhaltenden Militärauto... und da war sie! HD hatte sie das letzte Mal ein Jahr zuvor, am 3.November 1944, in Berlin am Bahnhof Friedrichstrasse gesehen, zwei Monate vor dem Prozess und der Ermordung seines Schwagers durch die Nazis!!

(8), die neue deutsche Kennkarte vom 14.September 1946 ist ohne Bedeutung, es sei denn man möchte die Geschwindigkeit bewundern, mit der die Deutschen daran gingen, ihren Kopf aus dem von den Nazis hinterlassenen administrativen Scherbenhaufen zu ziehen und zu diesem Zweck mangels neuer Stempel aus den bisherigen nur das Hakenkreuz entfernt haben.

(9) Über die Reise zum internationalen Philosophenkongress nach Rom im November 1946 berichtet der oben erwähnte *Nachttopf*. Den kostbaren Ausweis, eine Art von zweiten Pass, zu erstreiten, dank dessen zum ersten Mal nach Kriegsende deutsche Professoren u n d HD als ihr Reisebegleiter an einer internationalen Wissenschaftler-Zusammenkunft teilnehmen konnten, war ein viel Geduld erheischendes, bis zum letzten Tag ungewisses Unternehmen.

(10) In Rom haben Freunde aus dem italienischen Widerstand HD (einem ihnen offensichtlich nicht unbekannten Deutschen!!) die Zuhörerkarte zum Termin am 20.November 1946 des Prozesses gegen die für die Erschiessung von 335 Geiseln verantwortlichen Naziverbrecher beschafft.

(11) Erst am 4.Februar 1947 wurde HD amtlich bestätigt, dass er kein Nazi gewesen sei, Voraussetzung für (12) HD's Ernennung zum «Dienstaufsichtsführenden Vorsitzenden» einer Spruchkammer vom 18.April 1947 und dem dazu gehörigen «Identification Pass» (13).

Wie wenig HD's Bemühung um eine wirkliche Entnazifizierung geschätzt, ja wie sehr sie gefürchtet wurde, wird mit (14) vorweggenommen. Seine Freunde hatten Walter Hallstein, den neuen Rektor der eben wieder eröffneten Universität Frankfurt gebeten, HD als besonders geeigneten Vorsitzenden einer in Bildung begriffenen Sonderspruchkammer für Generäle vorzuschlagen; sie wollten sichergehen, dass die hochgradig Mitschuldigen der Wehrmacht nicht eine Vorzugsbehandlung erfuhren, dank der nach wie vor grassierenden deutschen Militärverherrlichung (hierzu eine Episode von Ende Oktober 1946: HD kam mit dem Fahrrad aus Frankfurt: an einer bestimmten Stelle verlangte die ansteigende Strasse, dass man sein Rad einige hundert Meter schiebe. Da war auch ein anderer Schieber, undefinierbarer Natur, seine abgetragene Kleidung war 1946 gerecht. Eben war in Nürnberg das Urteil gegen die Hauptnaziverbrecher, darunter auch Feldmarschall Keitel, gefällt und vollstreckt worden. Das sei doch nicht recht, dass man einen General, der nur Befehlen des «Führers» gefolgt sei, hingerichtet habe. HD erwiderte: im September 1943 habe er einen von Keitel selbst unterschriebenen Sonderbefehl in seiner Hand gehabt, der die «ehrenhaft-soldatische» Weisung enthielt, die Habseligkeiten der wegen ihrer Weigerung zur Mitarbeit erschossenen italienischen Offiziere seien den Angehörigen nach Italien zu schicken mit dem Vermerk: «im Kampf gefallen». Weiterer Worte bedurfte es nicht, schweigend schob man weiter).

Mit der Spruchkammer endete für HD die Hoffnung auf eine wahre deutsche Neuerung, und so trug sie wesentlich zum Entschluss bei, nach Italien auszuwandern. Getarnt als dort für die ICD tätig, wurde die Reiseerlaubnis für ihn und seine Familie schliesslich gegeben; sie (15) wurde am 26.Oktober angekündigt, und acht Tage danach ereignete sich die Abmeldung beim Bürgermeister (16). Am 5.November 1948 überschritt HD's Familie die italienische Grenze am Lago Maggiore, wie es (17) in seinem Taschenkalender zu lesen steht.

Nun der Versuch zu berichten, verständlich zu machen, was das damalige Entnazifizieren für Deutschland und im besonderen für HD bedeutet hat. Auch hier vorweg der Schlußstrich in Gestalt eines Briefs, mit dem HD am 5.August 1948 dem protestantischen Pfarrer in Steinbach im Taunus als Dank für die Anerkennung von HD's Spruchkammer-Tätigkeit schrieb: «*Am 15.Juli 1948 habe ich den Vorsitz der Spruchkammer Obertaunus niedergelegt. Rückblickend muss ich bekennen, dass es mir nur sehr unvollkommen gelungen ist, diese Arbeit so zu gestalten, wie sie mir zu Beginn vorgeschwebt hat. Die geistige und moralische Zerstörung hat der Nazismus so gründlich gemacht, dass ich in den letzten fünfzehn Monaten nur sehr wenigen Menschen begegnet bin, die ernsthaft um Gleichmass und Gerechtigkeit bemüht waren. Anerkennung oder Ermunterung für diese Bemühung haben wir wenig oder gar nicht gefunden.- Über die eigene Schuld denke ich schon seit langem wie Sie; sie zu erkennen ist die Voraussetzung für die Hoffnung, die Fehler der Vergangenheit in der Zukunft zu vermeiden und ein wenig zur Wiedergutmachung beizutragen.*»

Auf Weisung des alliierten Kontrollrats hatte der deutsche Länderrat in Stuttgart am 6.März 1946 das «Gesetz zur Befreiung vom Nationalsozialismus und

Militarismus» erlassen: Parteimitglieder und alle anderen, die den NS freiwillig oder unfreiwillig unterstützt hatten, sollten in eine von fünf Kategorien (Entlastete, Mitläufer, Minderbelastete, Belastete, Hauptschuldige) eingereiht und ihnen die vom Gesetz vorgesehenen Sühnemassnahmen auferlegt werden. Mit seinem engen Formalismus war das Gesetz nicht geeignet dazu beizutragen, die Deutschen von der Notwendigkeit der politischen Säuberung zu überzeugen, und sie zum Erkennen zu bringen, dass sie alle zusammen die Verantwortung für die Entsetzlichkeiten der Nazijahre auf sich zu nehmen haben... zum Leidwesen Deutschlands ist es zu Letzterem nie gekommen.

Im Winter 1946/47 hatte HD versucht, mittels verschiedener Ausarbeitungen und Eingaben die Amerikaner und die Deutschen zu veranlassen, die unzähligen, meist nur törichten Mitläufer «laufen zu lassen», sich aber an ihrer Stelle gründlicher mit den Belasteten und Hauptschuldigen zu befassen. Am 3. März 1947, kurz vor seiner Ernennung zum «Dienstaufsichtsführenden Vorsitzenden der Spruchkammer Obertaunus», versuchte er auch Dorothy Thompson* in einem langen, das allgemeine Versagen der Amerikaner betreffenden Brief zu bitten, für die notwendigen Änderungen des Gesetzes

---

* Dorothy Thompson, 1894-1961, von Anbeginn an klarsichtige und heftige Kämpferin gegen den NS und von Hitler selbst ausser Landes gewiesen; sie war eine langjährige Freundin von Genia Schwarzwald und H.J. von Moltke. Carl Zuckmayer bezeichnete sie 1962 in einem Nachruf der FAZ mit Recht als die «erfolgreichste Auslandskorrespondentin der amerikanischen Presse».

einzutreten. Schwer sei wieder gutzumachen, dass die moralische Vorbereitung fehle: da es keine «Kollektivschuld» geben könne, wohl aber individuelle Schuld und gemeinsame Verantwortung aller, müsse das Gesetz eine scharfe Trennung zwischen politischen und wirtschaftlichen Sühnemassnahmen möglich machen; auch die Sühne für Mitläufer auf höchstens RM 2.000,- zu beschränken, sei moralisch und materiell bei erwiesener politischer Unreife unsinnig; der Begriff des Nutzniessers sei zu ändern (Nutzniesser ist auch wer ohne ein politisches Amt zu missbrauchen vom Nazismus profitiert hat); ebenfalls sei eine Änderung des Begriffs «Entlasteter» notwendig (es komme doch nicht darauf an, dass jemand Nachteile erlitten hat, sondern darauf, dass er unter persönlichem Risiko wirklich etwas gegen die Nazis unternommen hat).

Alles das blieb ohne Erfolg! Trotzdem, als HD auf Vorschlag der SPD der Vorsitz der Spruchkammer seines Landkreises angeboten wurde und er ihn, weil überzeugt von der absoluten Notwendigkeit einer wie auch immer gearteten politischen Säuberung, annahm, hoffte er, auch mit dem fehlerreichen Gesetz einiges Überzeugende erreichen zu können.

Im Landkreis Obertaunus waren 1946 von den über-18jährigen Einwohnern 61.374 amerikanische Fragebogen mit je 131 Fragen beantwortet worden. 43.688 waren vom Gesetz nicht betroffen, so dass sich die Kammer mit «nur» 17.686 Betroffenen beschäftigen musste (nach zwei Jahren, im Februar 1948 blieben noch 4.097 zu erledigen). Allein diese Zahlen illustrieren die Unsinnigkeit des Gesetzes! Nach den bis Anfang 1948 gemachten Erfahrungen musste jeder der sechs Kammer-Vorsitzer noch ca. dreissig mündliche und hundert schriftliche Verfahren erledigen; der Rest fiel unter die Amnestie.

Der dienstaufsichtsführende Vorsitzer war neben seiner normalen richterlichen Tätigkeit für das Funktionieren der Kanzlei und insbesondere für die Geschäftsverteilung verantwortlich. Für diese fand HD eine völlig abwegige, alphabetische Regelung vor, die häufig dazu führte, dass der Betroffene von einem ihm in jeder Weise unterlegenen Spruchkammergremium beurteilt wurde. Um den dadurch möglichen Missbrauch des Gesetzes zu verhindern, verteilte HD die Arbeit auf die einzelnen Vorsitzer je nach deren geistigen und moralischen Vermögen, was ihm sogleich den Vorwurf der Willkür eintrug. HD erwiderte dem «Befreiungsministerium», er könne die Verantwortung für eine dem Geiste des Gesetzes einigermassen entsprechende Geschäftsverteilung nur übernehmen, wenn man ihn dabei dem eigenen Gewissen folgen lasse; mittels Schweigen liess man ihn gewähren.

Staunendes Gemurmel ging durch die Zuhörer als HD bei seinem ersten mündlichen Verfahren einen Stuhl für den Betroffenen holen liess. Bald kam man jedoch dahinter, dass die von ihm verlangten, schon fast vergessenen zivilen Umgangsformen ihn nicht nur nicht hinderten, unnachgiebig in der Beurteilung der Vergangenheit zu sein, sondern auch halfen, die Überzeugungskraft und das Ansehen der Spruchkammer ein wenig zu mehren.

Dass es daran mangelte, war unvermeidbar: man hatte – den Befehlen der Amerikaner folgend – ein formalistisches Gesetz geschaffen, ohne den Deutschen vorher klarzumachen, worum es eigentlich ging, und so hatte man es mit «Betroffenen» zu tun, die sich fast ausnahmslos der schlechtesten und nur ganz selten der guten Eigenschaften ihrer Landsleute rühmen konnten.

Die Regel war, dass es den Beteiligten an Einsicht und Verantwortungsbewusstsein fehlte, dafür aber ihre Unwahrhaftigkeit, Eigensucht und Eigenliebe Platz liessen für Rachsucht, Habsucht, Feigheit und Brutalität. Nur ganz wenige gestanden sich ihr Fehlverhalten in der Vergangenheit ein und hatten den Wunsch, sich am Wiedergutmachen zu beteiligen.

HALT! Moment mal! Beinahe wäre HD in Gefahr gekommen zu vergessen, dass seine erste Begegnung mit diesen traurigen Aspekten der Deutschen ihn selbst anging: im Frühjahr 1946 hatten die Amerikaner ihn gebeten, den Posten als Leiter der Verwaltung des taufrischen *Radio Frankfurt* zu übernehmen. Seine Arbeit hatte er am 15.4.46 angetreten, musste sie aber zwei Monate später, weil «politisch untragbar» wieder aufgeben. Was war geschehen? HD hatte zur Bedingung gemacht, er solle als Verantwortlicher für die Verwaltung Sitz und Stimme in der Redaktion haben. Dies passte dem deutschen Intendanten nicht und so wandte sich dieser an OMGUS in Berlin und machte darauf aufmerksam, dass HD ein «leitender Angestellter» (Kategorie «Beauftragter») im NS-Vierjahresplan gewesen sei. Prompt kam von Berlin die Entscheidung, HD müsse *Radio Frankfurt* sofort verlassen. Eine Berufung dagegen gäbe es nicht, auch wenn es sich hier augenscheinlich nur um ein sprachliches Missverständnis handele. Es folgten Monate der Auseinandersetzungen, und nur mit Hilfe seiner in Washington einflussreichen Freunde gelang es, HD's Ansehen als einer der wenigen 100%igen Antinazis wiederherzustellen..., aber seinen Posten im Radio war er los.

Bei den zahlreichen «Vernehmungen» verglich HD OMGUS mit der Gestapo, «nur die Fingernägel lasst Ihr den Verdächtigen». Das hörte man natürlich nicht gern und so drohte man ihm mit einem Verfahren vor dem Kriegsgericht, sofern er nicht aufhöre, überall «unflätige» Kritiken an der amerikanischen Militärverwaltung zu üben. Für die «US-Gestapo» charakteristisch zwei Aussprüche: von Major Schaffner: «Wir geben Lizenzen, d.h. Erlaubnisse im ICD-Feld zu arbeiten nur Helden» und von Prof. Bernhard (wohl ein Psychiater) als HD versicherte, eben Glück gehabt zu haben, der Gestapo entgangen zu sein: «Glück gibt es im Leben nicht!» Jedenfalls halte man HD für unzuverlässig, weil er (laut Fragebogen) im Dezember 1932 KPD («Hitler bedeutet Krieg») und im März 1933 Zentrum (letzte Oppositionspartei) gewählt habe!

OMGUS liess ihn Ende 1946 endlich in Ruhe, allerdings ohne seinen angeblichen Nazismus formell geklärt zu haben, und so beruhigte sich HD damit festzustellen, dass die ungelöst gebliebene Auseinandersetzung zwei für die Zeitläufe charakteristische Wurzeln gehabt hat:

die mit Überheblichkeit angereicherte Ignoranz der amerikanischen Sieger und der Missbrauch dieses Fehlverhaltens durch die von der Vergangenheit noch keineswegs befreiten deutschen Besiegten. Er ahnte jedoch nicht, dass er bis 1949 weitere drei Verfahren ähnlicher Art über sich ergehen lassen musste.

Das erste veranlasste er selbst durch eine an die Spruchkammer gerichtete Bitte, ihm einen «Nicht-Betroffen»-Bescheid auszustellen, damit er auf das Angebot der SPD, die Leitung einer Spruchkammer zu übernehmen, eingehen könne; er ergänzte den erweiterten Fragebogen mit der Vorwegnahme von Erklärungen zu höchst wahrscheinlich auftauchenden Zweifeln. Den erbetenen Bescheid erhielt er am 4.Febraur 1947.

Seine Arbeit als «Aufsichtsführender Vorsitzender der Spruchkammer Obertaunus» begann er am 15. April 1947, und damit einen Kampf nach allen Seiten. Als erstes waren da die vom Gesetz Betroffenen, fast durchweg «unschuldig», denen man zur unbequemen Einsicht verhelfen musste. Einige waren in der Tat unschuldig, aber davon musste man wiederum ihre Gegner überzeugen. Schwierig war es oft, die in der Kammer Tätigen – Kläger, Vorsitzer, Beisitzer und Belastungszeugen, nicht zu vergessen den «Befreiungsminister» – zu der Einsicht zu bewegen, dass unsere Arbeit nicht nur Unrecht feststellen, es sühnen und wo möglich wiedergutmachen, sondern auch in die Zukunft weisen solle, also auf Einsicht und Gleichmass nicht verzichten könne.

Hier wenige Beispiele der Spruchkammerpraxis:

– HD schrieb an die «Frankfurter Lokalbahn AG»: «*... nach dem inzwischen eingetretenen Fortfall des Beschäftigungsverbots für Mitläufer mit unwichtigen NS-Ämtern ähnlich dem des Betroffenen käme heute ein solches Verbot nicht mehr in Frage, so dass dieser auch schon jetzt, vor Beendigung der Bewährungsfrist, wieder ins Angestelltenverhältnis* [Fahrkarten knipsen anstatt an Gleisanlagen arbeiten!] *übernommen werden kann.*» Diese, dem «Gleichmass» dienende Stellungnahme trug HD einen Verweis des hessischen «Befreiungsministeriums» ein: «*... weil Sie unbeauftragt in die Vollstreckung des gegen den Betroffenen ergangenen Spruchs eingegriffen haben. Ich behalte mir vor, im Wiederholungsfalle entsprechende Massnahmen gegen Sie einzuleiten.*» Diese Drohung hat HD nicht gehindert, viele Spruchbegründungen mit Empfehlungen baldiger Wiedereinstellung als Lehrer, Arzt, Richter, Bauernvorstand und ähnlichem zu schliessen.

– Eines Tages erhielt HD von einem ebenfalls der SPD angehörigen Kläger der eigenen Kammer den Hinweis: «*... Ihnen meine ernsten Bedenken, die in grossen Kreisen unserer Genossen... bestehen, denen Ihre Einstellung zu gewissen Akademiker- und Kreisen des Kapitals, d.h. Ihre vorzugsweise Behandlung sowohl in der Beschleunigung der Verfahren als auch Milde in Fragen des Kostenerlasses unverständlich ist.*» Wahrscheinlich waren es zwar formell (Pg etc.) Belastete, die sich aber in den 12 Jahren vorbildlich benommen hatten, was nun von den Formalisten nicht mehr verstanden wurde.

– Ein typischer Fall für diese Art von Reaktion war

das Verfahren gegen den Prinzen Wolfgang von Hessen, das mit «Entlastet» endete. Er war als Pg. und Landrat 12 Jahre lang für politisch oder materiell Notdürftige eingetreten, und es meldete sich nicht ein einziger Zeuge, der ihn als NS-Aktivist belastet hätte. Der gleiche Kläger, der den Prinzen von Hessen mittels Berufung zum «Mitläufer» machen wollte, hatte kurz vorher für dessen Schützling und Mitstreiter, den Vizebürgermeister von Oberursel, «Entlastung» beantragt!!

– Der Inhaber eines Reifenerneuerungsbetriebs, ein zurückhaltender Pg., jedoch ein den Zeiten entsprechender Nutzniesser, wurde mit Recht zum Mitläufer erklärt, während ein Jahr später einer seiner Hilfsarbeiter – obwohl bekannt als Nazikritiker–, weil er für die NSV Beiträge kassiert hatte (für die Formalisten war dies ein hohes Parteiamt) zum «Minderbelasteten» erklärt werden sollte. HD konnte diese und andere ähnliche Beispiele für: «Die Kleinen hängt man, die Grossen lässt man laufen» nur verhindern, indem er sich selbst mehrmals als Entlastungszeugen anbot.

– Da war noch ein anderer «ordentlicher» Industrieller, auch nur formell Pg., der einmal zum Schutze seiner Firma eine «kriegerische» Rede gehalten hatte. Er wird hier erwähnt, weil sein Verteidiger aufgefordert werden musste, die Wahl zu treffen zwischen «Weltläufigkeit und Welterfahrung» und «entschuldbaren politischen Irrtum und Wirkung der NS-Propaganda.» Der Betroffene wurde trotz seines törichten Anwalts «Mitläufer», wobei es viel schwieriger war, die Tatsache zu überwinden, dass alle Zeugen von dem Betroffenen wirtschaftlich abhängig waren.

– Bitteres Lächeln verursachte eine Pg., die, nachdem sie 1934-1945 aktivste Zellenleiterin der NS-Frauenschaft gewesen war, nun als «Minderbelastete» RM 400,- Sühne zahlen sollte, lauthals dagegen protestierte.

– Der Inhaber des Diesterweg-Verlags, dessen NS-Schulbücher und die dazugehörigen Prospekte während der Verhandlung als Beweismittel zahlreich ausgestellt waren, wurde zum «Minderbelasteten» erklärt mit der Sühnemassnahme, sich während zehn Jahren nicht als Verleger betätigen zu dürfen. Er ging in Berufung; nach Ausscheiden von HD wurde dieser wahrhaft Belastete endgültig zum Mitläufer eingestuft, weil «er doch auch viele andere schöne unpolitische Bücher verlegt habe!»

– Uneinsichtig wollte ein General a.D. gerne darauf verzichten, den ihm gebührenden Platz unter den geistig-Zerrütteten einzunehmen; er hätte das früher bedenken müssen und nicht glauben, es genüge, nicht Pg. gewesen zu sein, um sich nun als Antifaschist ausgeben zu können. Wie so viele Generäle des Dritten Reichs hatte auch er nicht bemerkt, was seine Kollegen mittels Teilnahme an den NS-Verbrechen aus ihrer schon vorher reichlich ramponierten «Soldatenehre» gemacht hatten. So bestand dieser darauf, dass man ihn, von Hitler in Pension verwiesen, besonders ehrfürchtig grüsse; aber eines Tags wurde er von einem Pg. «ehrenrührig» gekränkt (für das, worum es dabei ging, fehlen die Dokumente, sein Spruchkammer-Dasein überlebt nur in HD's ausführlicher Stellungnahme zur Berufung). Der gekränkte General suchte Genugtuung und wandte sich darob an Himmler, Kaltenbrunner und den Gauleiter Sprenger... denn für ihn kamen dafür nur «Höchstrangige» in Betracht! Die Fotos dieser Verbrecher stellte er dann, sichtbar für jedermann, in seiner Wohnung auf. Dass er, so seine Umwelt bedrohend, vom Ungeist der Zeit erfasst gewesen war, wollte er nicht einmal 1948 wahrhaben.

Der Beispiele aus der Praxis des Befreiungsgesetzes könnte man unzählige geben und damit ein vollständiges Bild der Geistesverfassung, wie sie Hitler hinterlassen hat.

Vom General a.D. ist nur ein Schritt zu HD, dessen Verfahren chronologisch ein wenig vor dem des Generals begonnen hatte; dafür aber versuchte man mit den gleichen törichten Anschuldigungen zum dritten Mal, den Lästigen loszuwerden. Wie ging das vor sich, weshalb war HD vielen so lästig?

Im Oktober 1947 stellte sich beim Vorbereiten des Verfahrens gegen einen ehemaligen Werkschutzmann eines grossen Industriebetriebs heraus, dass er ausländische Arbeiter misshandelt hatte, dass aber der eigentliche Verantwortliche dafür Willi Kunz, jetzt erster öffentlicher Kläger der Frankfurter Spruchkammer, gewesen war. Er wurde deshalb als Zeuge geladen, und zwei Termine konnte er aus schriftlich unter Diensteid vorgebrachten erlogenen Gründen angeblich nicht wahrnehmen. Nicht nur ging HD's Erwartung, nun werde das Ministerium den entdeckten Verbrecher wenigstens entlassen, nicht in Erfüllung, sondern das Ministerium überliess HD der CDU-Meute, der es als erstes gelang, dass ohne Voruntersuchung gegen HD ein Disziplinarverfahren eröffnet wurde. Auch eine deswegen an den Minister gerichtete Beschwerde des Kreisvorsitzenden der SPD vom 12.1.48 hatte nicht den geringsten Erfolg. Alles deutete darauf hin, dass der Minister von der CDU bedrängbar war. Das «Disziplinarverfahren» wurde eines Tages in «Ermittlungsverfahren» umgetauft und endete schliesslich bei der Frankfurter Spruchkammer in Gestalt der normalen Klageschrift vom 8.11.48 (drei Tage nach HD's Ankunft in Italien). Sie beinhaltete folgende, schon dreimal geprüfte lächerliche Vorwürfe:

– Er habe wesentliche Zuwendungen an die NSDAP gemacht (als HD im Winter 1944 entdeckte, dass seine Frau vom NS-Ortsgruppenleiter wegen einer ihr nicht «zustehenden» Hausgehilfin belästigt wurde, bot er diesem RM 100 an, die aber aus inner-NS-Gründen nie kassiert wurden).

– Dank hohem NS-Einfluss habe er sich dem Militärdienst entzogen (Aktenkundig ist, dass er ohne sein Zutun vom Generalbevollmächtigten für Sonderfragen der chemischen Erzeugung nach Berlin dienstverpflichtet wurde).

– Vor der SA-Wehrmannschaft, zu der er wie alle noch zu Hause befindlichen Männer eingezogen worden war, habe er einen Vortrag zum Lobe des faschistischen Italien gehalten (wie «Tatzeugen» berichtet haben, hatte HD eine Beschreibung des militärisch-jämmerlichen Zustands dieses Verbündeten gegeben: «Wenn der Führer das vorher gewusst hätte...», eine absichtlich gewagte Analyse, die für HD auch böse Folgen hätte haben können)

– Er sei in Italien der Vertreter Sauckels gewesen und somit verantwortlich für alle von dort kommenden Arbeiter, freiwillige und zusammengetriebene (HD hatte mit Sauckel nichts zu tun und hat nie einen einzigen Arbeiter angeworben).

Für diese vier inhaltslosen Verdächtigungen hatte man acht NS-Zeugen aufgeboten; unter ihnen war natürlich keiner in der Lage irgendwelche Beweise beizubringen, und drei kannte HD überhaupt nicht.

Der Befreiungsminister tat das Seinige dazu mit einem «Liebesbrief» an HD, in welchem es hiess: «*In Ihrer Disziplinarsache* [am 17.12.47 von Kunz und seinen CDU-Kumpanen ausgelöst] *ist Ihre angebliche politische Unzuverlässigkeit bei IG Faben erneut geprüft worden, hat aber nichts Nachteiliges zu Ihren Ungunsten ergeben... Dagegen bestehen erhebliche Bedenken, ob Ihr undiszipliniertes Verhalten Ihre weitere Beschäftigung als Vorsitzender einer Spruchkammer noch zulässt.*» HD hatte den Wert des von ihm geforderten Amtseids bezweifelt, nachdem der Minister den erwiesenen Falscheid des Willi Kunz folgenlos gelassen hatte; ausserdem hatte HD sich geweigert, das Verfahren gegen Fritz Thyssen (Stahlkönig und vor 1933 bedeutender Helfer Hitlers, der ihn 1944 in ein Konzentrationslager sperren liess) an einen nicht zur eigenen Kammer gehörenden und deshalb gesetzwidrigen Vorsitzenden abzugeben; wenn möglich solle sich der Minister rechtfertigen. «*...in beiden Fällen massen Sie sich eine Kritik Ihres Ministers in einer nicht mehr entschuldbaren Weise an. Ich missbillige das Verhalten auf das Schärfste und erteile Ihnen einen Verweis und mache Sie darauf aufmerksam,* *dass ich im Wiederholungsfalle Ihre Entlassung verfügen würde.*» (Auch für die Sprach-«unschönheiten» war HD nicht verantwortlich).

Der Brief trägt das Datum 15.4.48, wenig mehr als zwei Monate, nachdem der Minister am 26.1.48 dem Rektor der Universität Frankfurt versichert hatte (siehe <13> der einleitenden Dokumente), er könne auf Dr. Deichmann als «aufsichtsführenden Vorsitzenden der Spruchkammer Obertaunus» nicht verzichten. Das Disziplinarverfahren war da schon 40 Tage lang im Gange!! Das später ohne HD's Wissen vom Minister angeordnete Verfahren vor der Frankfurter Spruchkammer nahm seinen Fortgang und endete erst am 22.Juli 1949 mit dem Spruch: «eingestellt, weil vom Gesetz nicht betroffen».

Zum Abschluss gilt es, wenn auch betrübt, ein wenig zu lachen. Ein NS-Aktivist wollte der Kammer seine Bravheit unterstreichen und bat seinen protestantischen Pfarrer sich dazu zu äussern; dieser schrieb: «*ich habe demselben einige Enkel getauft und mich von ihm heizungstechnisch beraten lassen*» (siehe HD: «Kirche und Entnazifizierung» Frankfurter Rundschau vom 7.2.48). Abfinden muss man sich damit, dass es bei der protestantischen Kirche ohne Versagen nicht gegangen ist, nicht unter Hitler und nicht nach ihm.

Februar 1995

INHALT

Einleitung — 5

Warum? Wieso?
  (ein technisches Vorwort) — 9

Das Raumschiff	11
Grosser Vorhang aus gelber Seide	18
Der Nachttopf von S. Chiara	27
Raufen	39
Holländer	44
Vier «goldene» Knöpfe	52
Die Brille	61
Vier Teller in Scherben	69
Fahrräder	74
Des Kaisers güldenes Besteck	102
«Augusta» und «Topolino»	111
Der Gummifinger	137
Der Lift	146
Das Rettungsbett	148
Der Koffer	151
Geleise	160
Grüner Talbot	168
Der silberne Becher	180
Die Arbeitsfrontmütze	197
Pferderollen	207
Das gehäkelte Wollmützchen	215
Kennkarten	221
Dokumente	

MILITARY GOVERNMENT OF GERMANY.

TEMPORARY REGISTRATION. — Zeitweilige Registrierungskarte.

Name Dr. Jur. Deichmann, Hans — Alter 39 — Geschlecht Männl.
Name — Age — Sex
Ständige Adresse Dornholzhausen, Ts. — Beruf kaufm. Angestellter
Permanent Address — Occupation
Jetzige Adresse Dornholzhausen, Ts. Meuzkxxxx oberer Register_
Present Address

Der Inhaber dieser Karte ist als Einwohner von der Stadt Dornholzhausen, Ts. vorschriftsmäßig registriert und ist es ihm nicht oder bis auf weiteres verboten, sich von diesem Platz zu entfernen. Zuwiderhandlung dieser Maßnahme führt zu sofortigem Arrest. Der Inhaber dieser Scheines muß dieses Anweisungen stets bei sich führen.
The holder of this card is duly registered as a resident of the town of Dornholzhausen, Ts. and is prohibited from leaving the place designated. Violation of this restriction will lead to immediate arrest. Registrant will at all times have this paper on his person. *Charles A. Heaver*

Legitimations - Nummer — *Capt. FA*
Identity Card Number — Name and Rank
— Mil Gov Officer, U. S. Army

Hans Deichmann
Unterschrift des Inhabers — Right Index Finger — Datum der Ausstellung
Signature of Holder — Date of Issue

(Dies ist kein Personal-Ausweis und erlaubt keine Vorrechte.)
(This is not an identity document and allows no privileges.)

8.3.45.

STRATEGIC SERVICES UNIT, GERMANY
UNITED STATES FORCES
EUROPEAN THEATER

APO 757
November 26, 1945.

TO WHOM IT MAY CONCERN

Mr. Deichmann, Dornholzhausen, near Bad Homburg, is hereby authorized to transport civilians between Wiesbaden and Dornholzhausen, near Bad Homburg, after curfew, on the 26th of November 1945.

Edwin F. Black
Edwin F. Black,
Lt.Col., GSC.

MILITARY GOVERNMENT - GERMANY
Militär-Regierung - Deutschland
DETACHMENT 1z D2

M 007346

NAME: Dr.Hans Deichmann
IDENTITY CARD NO Registration Card

IS AUTHORIZED TO TRAVEL WITHIN THE FOLLOWING AREA: ist befugt innerhalb des folgenden Gebietes zu reisen:

Curfew Exemption for duties

REASON: official work for ICC U.S.F.E.T.
Grund:

VALID FROM 15 October 45 TO 1 December 45
Gültig von

Extension No. 1 — Extended to 1 February 46 — *O.L. Yakoubian, Capt. CAC, MGO*

Extension No. 2 — Extended to 30 April 46 — *Oliver C. Kuntzleman, Captain AUS, MGO*

Extension No. 3 — *[signatures illegible]*
CHIEF/EXEC/WEAPON
Capt F/A
MGO

F/MG/PS/G 6

GOUVERNEMENT MILITAIRE EN ALLEMAGNE
MILITARY GOVERNMENT OF GERMANY

MILITÆRREGIERUNG - BEFREIUNG
DISPENSE ACCORDÉE PAR LE
GOUVERNEMENT MILITAIRE.
MILITARY GOVERNMENT EXEMPTION
A.M.F.A. No. **205838**

Datum der Ausstellung 7.12.45 Wird unwirksam am 31.1.46
Date de l'établissement / Périmée à la date du / Expires on
Name *Deichmann, Hans*
Nom
Anschrift *Dornholzhausen, Obertaunus*
Adresse Wohnort / Lieu / Town
Ausweiskarte Klasse P.P. Nr. E 10741
Type de la carte d'identité / No.
Identity Card Type / No.
Unterschrift des Inhabers *Hans Deichmann*
Signature du cédedeur

ANWEISUNGEN: Diese Befreiung ist im Namen der Militärregierung ausgestellt worden. Sie ist nicht übertragbar, darf nicht abgeändert oder vernichtet werden und ist nur gültig in Verbindung mit der Ausweiskarte des Inhabers. Der Inhaber dieser Karte muss der Polizei gemeldet werden. Gefundene oder unwirksam gewordene Karten müssen an die ausstellende Behörde zurückgegeben werden.

INSTRUCTIONS: La présente dispense est accordée par le Gouvernement Militaire. Elle n'est pas transmissible, ne doit être ni modifiée ni détruite et n'est valable qu'accompagnée de la carte d'identité du titulaire. La perte ou la découverte de cette dispense doit être rapportée à l'autorité qui l'a délivrée.

INSTRUCTIONS: This exemption is issued by Military Government. It is not transferable, must not be altered or destroyed, and is only valid when used in connection with holder's identity card. The loss of this card must be reported. If found, or on expiration of validity, this card must be returned to the issuing authority.

GRUENDE, EINZELHEITEN UND AMTLICHE UNTERSCHRIFT: Die umsehend benannte Person ist, wie unten angegeben, von Beschränkungen betreffend: AUSGANG — REISE — ~~VERBOTENE GEGENSTAENDE~~ — SPERRBEZIRK befreit. (Nicht zutreffendes ist durchzustreichen.)

MOTIFS, PARTICULARITÉS ET SIGNATURE OFFICIELLE: La personne désignée au verso a obtenu la présente dispense seulement pour être dispensée des restrictions spécifiées ci-après: COUVRE-FEU — VOYAGE — ~~OBJETS PROHIBÉS~~ — ~~ZONES INTERDITES~~ (Rayer les mentions inutiles.)

REASONS, SPECIFICATIONS AND ENDORSEMENTS: The person named on the reverse hereof is granted exemption, only as specified below, from restrictions respecting: CURFEW — TRAVEL — ~~PROHIBITED ARTICLES~~ — ~~PROHIBITED AREA~~ (delete where applicable.)
USE OF BRIDGES AND FERRIES

EINZELHEITEN DER BEFREIUNG
DÉTAILS CONCERNANT LA DISPENSE
PARTICULARS OF EXEMTION

Auth. to circulate between Wiesbaden - Bonn - Köln -

GRUENDE:
MOTIFS:
REASONS: travel by order of Information Control Division / voyage officielle

Ausstellende Behörde / Mil Govt. det. F 15
Autorité ayant autorisé la dispense
Issuing Organisation
Name (Druckschrift) C.H. LENNEVILLE
Nom ou caractères d'imprimerie
Name (block) Rank CAPT. AUS
Unterschrift *Lenneville*
Signature / Stammnr.
No. Matric. 0634055
Serial No.

A. Kindermann - Mainz

HESSISCHES STAATSMINISTERIUM   Wiesbaden, den 15.April 1947
   Der Minister
für politische Befreiung

E R N E N N U N G

Herr Dr. H a n s D e i c h m a n n
wird hiermit auf Grund meiner "Dienstordnung für die
öffentlichen Kläger und die Spruch- und Berufungs-
kammern" vom 21.Januar 1947 (Amtsblatt Nr. 4 vom
29.1.1947) zum
       dienstaufsichtsführenden Vorsitzenden
der Spruch – ~~Berufungs~~-Kammer   Obertaunus
            mit der Bezeichnung

    "Dienstaufsichtsführender Vorsitzender"

ernannt.

Die besonderen Aufgaben des "Dienstaufsichtsführenden
Vorsitzenden" sind in der o.a. Dienstordnung festge-
legt.

Die Vertrauenszulage regelt sich nach den Bestimmungen
der Rundverfügung.Nr. 42 Abs.VII vom 7.11.1946.

Diese Ernennung ist jederzeit widerruflich.

                              (B i n d e r)

TRIBUNAL (SPRUCHKAMMER)

IDENTIFICATION PASS

OFFICE OF MILITARY GOVERNMENT
FOR GREATER HESSE

IDENTIFICATION
18.4.47   No 30596

NAME Dr. Hans DEICHMANN
ADDRESS Bornholzhausen, Am oberen Reisberg
BIRTHDATE 9.9.07
SIGNATURE Hans Deichmann

Attention: All Military and Civilian Law
Enforcement Agencies:

The bearer of this card has been care-
fully selected by the German Ministry and
approved by Military Government as an
"Official Carrying Out the Law for Liberation
from National Socialism and Militarism". He
is exempt from curfew regulations and
need immediate Assistance whenever
required for his protection or carrying
out his duties.

Office of Military Government
Greater Hesse

Abschrift

HESSISCHES STAATSMINISTERIUM   Wiesbaden, den 21.Jan.1948
Der Minister für politische Befreiung   Wilhelmstrasse 24.
Akt.Zeichen: IV/H4/Br. 2870/48

An den
Herrn Rektor
der Johann Wolfgang Goethe-Universität
Frankfurt am Main,
Merronstrasse 17.

Sehr geehrter Herr Rektor!
       Ich danke Ihnen bestens für Ihren Hinweis vom
24.November 1947. Nach eingehender Ueberprüfung sehe
ich mich leider nicht in der Lage, Ihrer Anregung entsprechend Herrn Dr. Deichmann als Vorsitzenden der Sonderspruchkammer für die Generale einzusetzen, weil ich in
dem gegenwärtigen Stadium der Denazifizierung auf Herrn
Dr. Deichmann als Dienstaufsichtsführenden Vorsitzenden
der Spruchkammer Obertaunus nicht verzichten kann.

                Mit vorzüglicher Hochachtung!
                        gez. B i n d e r

Der Rektor
der Johann Wolfgang Goethe-
Universität Frankfurt/Main
Tgb.Nr. 233/48

Abschrift

          Herrn Dr. D e i c h m a n n
               mit der Bitte um Kenntnisnahme.

                26.1.48

OFFICE OF MILITARY GOVERNMENT FOR HESSE   tt
Education and Cultural Relations Division
APO 633
US Army

Wiesbaden, Germany
184.29
26 October 1948

SUBJECT: Exit Permit for Mr. and Mrs. Deichmann

TO   : Dr. Hans Deichmann
       Dornholzhausen (Obertaunus), Am oberen Reisberg

This is to notify you that your travel document has been issued and can be picked up at this Office. Office hours are Monday to Friday from 0830 to 1200 and 1300 to 1730 hours.

VAUCHER DELOLE
Deputy Director

Tel: Wiesbaden Civ 59231
Ext: 408
Room: 319

Der Bürgermeister Dornholzhausen (Ts.), den 3.11. 1948
Dornholzhausen (Ts.)

Tgb. Nr. _____ An _____

Betr: Reiseabmeldung.

Herr Dr. Hans Deichmann und folgende Familienangehörige meldeten sich heute auf Reisen ab.

Dr. Hans Deichmann   geb. 9.9.07.
    Senta Deichmann   "   27.8.12.
    Maria Deichmann   "   13.9.36.
    Thomas Deichmann   "   11.5.38.
    Mathias Deichmann "   11.7.43.

Sie sind mit Lebensmittelkarten bis zum 30.11.1948 versorgt. Langfristige Karten sind nicht im Besitz.

Der Bürgermeister.

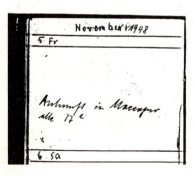

November 1948
5 Fr

Ankunft in Marseur
alle 17 e

6.5a

Helmuth J. von Moltke
Briefe an Freya
1939–1945

Herausgegeben von Beate Ruhm von Oppen
dtv 2970/DM 29,90

»Die Briefe an Freya von Moltke sind ein großartiges menschliches Dokument einer humanitären Gesinnung und geben einen ausgezeichneten Einblick in die Gedankenwelt einer der führenden Persönlichkeiten des deutschen Widerstandes.«
Aus der Begründung der Jury zur Verleihung des Geschwister-Scholl-Preises 1989.

Die Briefe dokumentieren zum einen die Bemühungen Moltkes, im Rahmen seiner Tätigkeit durch Einwände und Verzögerungen gegenüber den Anordnungen der Reichsführung »das Schlimmste weniger schlimm zu machen« und immer wieder gegen Unrecht, Verfolgung und Mord zu intervenieren, zum anderen erhellen sie die Geschichte und Ideenwelt des Kreisauer Kreises, der sich die Beendigung der Naziherrschaft und die Neuordnung Deutschlands zum Ziel gesetzt hatte.

dtv

Dimension des Völkermords
Die Zahl der jüdischen Opfer des Nationalsozialismus

Herausgegeben von Wolfgang Benz
dtv 4690/DM 39,–

Die in diesem Band versammelten Beiträge ausgewiesener Experten bieten neben exakten Zahlen ein detailliertes Gesamtbild der Voraussetzungen, Formen und Phasen der nationalsozialistischen Judenverfolgung.

»...eine der gründlichsten Untersuchungen des ganzen Vorgangs überhaupt.« (Eberhard Jäckel)

»Wenn man dieses Buch nicht nur als Kompendium und Nachschlagewerk benutzt, sondern als Gesamtdarstellung liest, wird sichtbar, welche riesenhaften Ausmaße dieses Verbrechen besaß, wie viele Tausende und Zehntausende von Menschen in seine Vorbereitung und Durchführung einbezogen waren, welchen organisatorischen und politischen Aufwandes es bedurfte, um die jüdische Bevölkerung noch in dem entlegensten Dorf in Frankreich, der Ukraine oder Norwegen und noch auf der kleinsten griechischen Insel zu ›erfassen‹, zu deportieren und schließlich zu ermorden.« (Ulrich Herbert)

dtv

Das Urteil von Nürnberg 1946

Mit einem Vorwort von Jörg Friedrich
dtv 2902/DM 14,90

Der amtliche Text des Urteils in deutscher Sprache liegt hier vollständig vor.

Das Urteil von Nürnberg ist ein »Präzedenzfall«. Zum ersten Mal in der Geschichte wurde hier versucht, nach der Katastrophe eines Krieges die Verantwortlichen juristisch zur Rechenschaft zu ziehen und ihre Taten zu sühnen. Der Internationale Militärgerichtshof in Nürnberg, der dieses Urteil fällte, war von den Siegermächten des Zweiten Weltkriegs gebildet worden zur Aburteilung von Kriegsverbrechern, für die ein geographisch bestimmbarer Tatort nicht vorhanden war. Der Gerichtshof hatte die Vollmacht, den Prozeß gegen alle Personen zu führen, die Verbrechen gegen den Frieden, Kriegsverbrechen und Verbrechen gegen die Menschlichkeit begangen hatten. Im Verlauf der Verhandlung wurde für diese Anklagepunkte erdrückendes Beweismaterial vorgebracht und von den Richtern geprüft. Die ausführliche Urteilsbegründung ist daher mehr als eine juristische Definition – sie entrollt das Panorama der nationalsozialistischen Herrschaft in Deutschland und wird dadurch zu einem zeitgeschichtlichen Dokument ersten Ranges. Jörg Friedrich, ausgewiesener Kenner der Materie, erläutert in seinem Vorwort die völkerrechtlichen, politischen und moralischen Dimensionen dieses Ereignisses bis in die Gegenwart.

dtv